House Reverse
Mortage Loan

Solutions and Countermeasures

以房养老

方案与对策

水名岳◎著

中国出版集团 东方出版中心

前　言

　　近年来,中国人口结构老龄化迅速,"未富先老"的情况下,"老有所养"面临巨大压力。国际上,为了应对人口老龄化带来的挑战,以美国、加拿大、新加坡等为代表的国家成功提出了"以房养老"的解决方案,建立了住房反向抵押贷款(reverse mortgage)市场。从中国的实践来看,住房反向抵押贷款可能成为中国应对养老压力的一种新型养老保障方式。

　　住房反向抵押贷款起源于国外,发展成熟也在国外。本书系统研究了国外尤其是美国住房反向抵押贷款的产品、市场和监管体系,总结了国外发展住房反向抵押贷款的经验。美国的住房反向抵押贷款包括政府主导的 HECM 计划和私营部门自营的住房反向抵押贷款,住房反向抵押贷款一、二级市场都已经发展完善,监督管理体系由联邦监管和州政府层面的监管组成。政府和私营部门相互合作取得了很好的效果。

　　本书梳理了中国发展住房反向抵押贷款的历程和做法,并从需求方和供给方的角度定性分析了影响住房反向抵押贷款需求和供给的决定的主要因素。本书的研究认为,对住房反向抵押贷款的需求方（即老年人）来说，影响需求的正相关因素主要有：住房资产的增值、空巢失独情况、老年人消费需求增多、老年人对家庭养老的偏好；负相关因素主要有：老年人的遗赠愿望以及子女的反对、老年人自身寿命的不确定、信息不对称以及参与住房反向抵押贷款后会面临许多不确定性因素，比如分期付款的不确定性、来自贷款机构的不确定性、原有社会福利的不确定性。对供给方（即贷款机构）而言，影响供给的正相关因素主要有：房资产的升值、二手房市场的发达以及投资优质资产的需求；负相关因素主要有：利率和房价的波动、长寿风险、逆向选择、前期费用风险以及贷款后的提前还款风险、资产配置风险和流动性风险。

根据国外经验和国内影响老年人参与住房反向抵押贷款的因素，本书最后对政府发展住房反向抵押贷款和金融机构应对住房反向抵押贷款的风险提出了相关的建议。

目 录

前言 / 001

········ **第一部分 什么是"以房养老"** ········

第一章 关于"以房养老" / 003

一、背景 / 003

媒体报道——其实以下的形式都不是真正意义上的"以房
养老" / 005

二、核心概念 / 011

媒体报道——真正意义上的"以房养老" / 012

第二章 "以房养老"的相关理论支撑 / 026

一、生命周期理论 / 026

二、福利经济学 / 028

三、代际财富传递理论 / 029

四、保险精算原理 / 030

五、期权理论 / 031

六、资产流动性理论 / 031

······ **第二部分 国外的"以房养老"** ······

第三章 美国老年人参与住房反向抵押贷款的做法 / 035

一、政府保险的住房反向抵押贷款产品——HECM 计划 / 035

二、自营住房反向抵押贷款（Proprietary Reverse Mortgages Product) / 052

三、政府对住房反向抵押贷款的监管体系 / 058

四、住房反向抵押贷款的替代品 / 060

第四章 美国老年人参与住房反向抵押贷款的特点 / 062

一、政府直接参与住房反向抵押贷款产品的运作 / 062

二、政府根据国情由点到面逐步推广发展住房反向抵押贷款 / 064

三、建立健全相关法律法规和制度政策 / 067

四、私营机构的积极参与和发达的金融市场的支撑 / 070

第五章 其他发达国家老年人参与住房反向抵押贷款的做法和历程 / 072

一、加拿大住房反向抵押贷款养老模式 / 072

二、英国住房反向抵押贷款养老模式 / 073

三、日本住房反向抵押贷款养老模式 / 077

四、新加坡住房反向抵押贷款养老模式 / 081

五、法国住房反向抵押贷款养老模式 / 086

六、澳大利亚住房反向抵押贷款养老模式 / 091

第六章　各发达国家住房反向抵押贷款比较

分析和经验总结 / 093

一、国际住房反向抵押贷款市场的相同之处 / 093

二、国际住房反向抵押贷款市场的差异 / 094

三、各发达国家发展住房反向抵押贷款的经验总结 / 096

四、小结 / 099

········ **第三部分　中国式"以房养老"** ········

第七章　中国开展住房反向抵押贷款的背景 / 103

一、中国人口老龄化对"老有所养"带来挑战 / 103

二、开展住房反向抵押贷款对解决"老有所养"

面临的挑战具有积极意义 / 122

三、中国开展住房反向抵押贷款具有一定可行性 / 123

四、国内学界对"以房养老"的观点 / 126

第八章　中国住房反向抵押贷款实践 / 139

一、南京"以房换养"模式 / 139

二、上海"以房自助养老"模式 / 140

三、北京的"以房养老"实践项目 / 141

四、杭州"以房养老"模式 / 143

五、中信银行"养老按揭"业务 / 143

第九章　中国现行的住房反向抵押贷款产品的政策
　　　　和具体形式 / 145

一、政府部门的相关指导政策 / 145

二、现行住房反向抵押贷款产品的具体形式 / 147

媒体报道——以房养老者近四成无子女　月领养老
　　金最高达1.5万元 / 164

三、小结 / 168

第十章　影响中国老年人参与住房反向抵押贷款的
　　　　因素分析 / 169

一、影响住房反向抵押贷款需求的正相关因素分析 / 171

二、制约住房反向抵押贷款需求的相关因素分析 / 179

三、影响住房反向抵押贷款供给的正相关因素分析 / 185

四、制约住房反向抵押贷款供给的相关因素分析 / 192

五、小结 / 205

第十一章　政府引导住房反向抵押贷款发展的政策建议 / 207

一、加强政府扶持力度 / 207

二、建立相应的配套机制规范市场 / 208

三、做好宣传指引工作 / 209

四、加大税收优惠政策 / 209

第十二章　老年人参与住房反向抵押贷款的风险防范
　　　　　　对策建议 / 211

　　一、进行正向和反向抵押贷款的风险对冲 / 211

　　二、为贷款进行保险 / 212

　　三、均衡道德风险 / 213

　　四、用赎回权减少遗赠因素的影响 / 214

　　五、住房反向抵押贷款资产证券化 / 215

　　六、部分产权参加住房反向抵押贷款 / 218

　　七、大病期权的方式对冲寿命不确定性风险 / 218

后记 / 220

第一部分

什么是"以房养老"

1

第一章　关于"以房养老"

一、背景

　　近年来,中国老年人口增速快,老年人口抚养比加速上升,人口结构老龄化迅速。但是,在"未富先老"的情况下,中国老年人的收入较低、来源不稳定,老年人面临巨大的养老压力。不仅中国存在人口老龄化这一难题,世界上其他国家也同样面临这个问题。为了应对这一共同的课题,很多国家进行了大量研究与实践,探索和建立新的养老保障方式。为克服人口老龄化的危机,以美国、加拿大、新加坡等为代表的国家成功提出了"以房养老"的解决方案,并建立了住房反向抵押贷款(reverse mortgage)市场。

　　通过自己手中的房子来养老的理念可以追溯到很多很多年以前。在古代的时候,荷兰就出现了这种案例,老年人通过出售自己手中存有的房子来安排自己的养老问题,其核心思想契合反向抵押贷款理念,大体上就是年轻人用钱买入老年人手中的房产,获得产权的同时准许老年人在自己老去之前的时光中无须付出租金就可以继续住宿,等到其去世以后再把房子收回。

在 20 世纪 90 年代的金融危机时期，在英国就产生了一种房产产权反转继承的金融产品，甚至有一些服务公司专门服务于需要此项服务的老年人。在法国，居民日常生活中也极其流行这样一种准金融产品，由于其以房养老的核心价值而受到当局的扶持，老年人可以使用的抵押品可以是房屋产权或者农场所有权以及其他资产所有权等。

在中国漫长的封建岁月当中，也出现过许多类似的事例，对于那些拥有房产等资产却没有子女养老送终的老年人，社会支持其通过赠予遗产的方式来解决养老问题，并且当时的政府也制定了有关法律来保障这种行为的法律效力。此类做法在表面看来会有各种各样的形式，然而其均蕴含着以房养老的理念。

在当代社会，对住房反向抵押贷款流行较广的一种基本解释，主要是指老年人将自己名下的房屋抵押给银行或保险公司等金融机构，金融机构在综合评估老年人预期寿命、房屋未来价值、折损和利息成本的基础上，将房屋现金价值按月度或年度给付给老年人，当老年人去世后，房屋所有权就归银行所有。与其他抵押贷款形式不同之处在于，住房反向抵押贷款合同不要求债务人必须偿还债务，老年人仍然可以享有房屋的居住权直到去世，此后产权转移给债权人。住房反向抵押不但使老年人继续拥有房屋的居住权，同时还能获得房产的现金价值，因此极大地增加了老年人资产的流动性，有助于提高其每期可支配收入和生活质量。基于住房反向抵押贷款不需要债务人偿还债务的特点,其不仅适用于老年人,也可以被年轻人用以为子女教育、应对失业等融资。

媒体报道——其实以下的形式都不是真正意义上的"以房养老"

(一) 九成网友认为"以房养老"荒唐　不如收租诱人①

"以房养老"试点一石激起千层浪。昨日,新浪针对网友们对"以房养老"的态度作了一个调查,有九成网友认为"以房养老"荒唐,仅一成网友认为其有合理之处。在不少网友激烈的言论中,多数网友认为"无法接受,不确定因素很多且不靠谱"。

记者了解到,除了消费者对于该项政策的接受程度有限,事实上,满足条件的保险公司,态度也较为谨慎,有险企负责人向记者表示,目前尚无试点公司和试点产品的报备。

昨日,养老概念相关个股表现抢眼,截至收盘时,板块平均上涨 1.88%。个股方面,桑乐金上涨 8.64%,新华锦上涨 6.94%,天宸股份上涨 5.04%。

算账:卖掉房子买 5 年期国债收益反而更稳定

70 岁的张奶奶住在越秀区的一个约 50 平方米的老房子里,楼龄约为 20 多年。昨日,她向记者感慨,"按照现在广州的楼价来看,我这个房子大概售价为 100 万元,老伴在几

---

① 来源:《广州日报》,2014 年 6 月 25 日。

年前过世了，现在唯一的儿子也在番禺买了房子成家了，时不时过来看看我，等我年纪再大点估计他们就会把我接过去住"。险企人士表示，按试点规定的要求，张奶奶若将自己的房子抵押给保险公司，可以继续享有房屋的居住权，另一方面按照约定每月固定领取养老金。按照险企精算人员的初步计算，张奶奶大概每月能够从保险公司领取5 400元的养老金。

张奶奶感慨，"从内心上说，肯定愿意跟儿子住在一起，房屋如果拿出来出租每月收的租金也能作为一笔养老费用。而且后期可以再进行出售"。

险企人士也表示，尽管拥有了所抵押不动产的处置权，"但是未来老人家一旦去世，房产70年产权到期，房产贬值，房屋维修等多方面的不确定性仍然困扰着保险公司"。

"住房反向抵押养老保险，适用面非常窄。"中原地产首席分析师张大伟认为，大部分老人会将房产遗留给子女；即使是孤寡老人，如果有房产，可以选择的养老办法也很多，比如出租城市房产，到郊区或者农村居住，或者是卖掉城市房产，到农村居住，都比保险获得的收益高很多。"以北京为例，如果在城区有一套房产，平均售价在300万元左右，如果将其出售，购买5年期国债，年收益就可以到16.23万元。这种情况下，不仅收益稳定，本金还可以以备不时之需。"

(二) 成都"以房养老第一人"　大爷说自己后悔了①

图 1-1　80 岁的钟海泉居住在社区为他安顿的简陋房里

2014 年 1 月 17 日,四川省政府提出《关于加快发展养老服务业的实施意见》。《意见》指出,要按照国家统一安排,探索开展老年人住房反抵押养老保险试点。

在成都,钟大爷被媒体称为"以房养老第一人"。2012 年 10 月,时年 79 岁的他与当地社区管理机构签订协议,由社区出钱出力帮钟大爷养老送终,大爷百年之后,把自己的房子赠送给社区。然而,记者近日回访钟大爷,钟大爷却说自己后悔了。

① 来源:《天府早报》,2014 年 2 月 19 日。

成都一环路北一小院只有2个单元，设施陈旧，钟大爷就租住在1单元1楼的楼梯背后。2012年，同社区签订遗赠扶养协议不久，钟大爷就搬到了这里。每个月900元的租金，一直由社区代管的"钟大爷专账"支出。

钟大爷原有一套20多平方米的老房子，是过世母亲留下的单位公房。一直未婚的他没有子女，兄弟姐妹也先后去世，侄儿、侄女几乎不来往。当时社区为其办理了低保，一个月300多元。

2012年，钟大爷的老房子被划入拆迁范围，他也由此获得一套"公改私"的新房，新房在原址新建，超过60平方米。2012年10月，钟大爷与所在社区管理机构签署协议，协议规定由社区安排人员照顾钟大爷，管好他的衣食住行，帮其看病就医，钟大爷百年之后，将房产过户给社区，公证人员在现场作了公证。

求养老　拆迁房抵押给社区

后悔了　没有用到社区的钱

钟大爷说，签订协议后他的生活质量并没有得到明显改善，他实际上没有用到社区的钱，自己的钱都很难支取。

钟大爷介绍，目前，他每个月可以领到1000元出头的"退休工资"，是去年7月在社区帮助下，一次性购买的城乡居民基本养老保险，购买费用由民政报销一部分，"钟大爷专账"支付10 000多元。钟大爷说，"专账"里的钱都是拆迁补偿款和奖金,并非社区给的钱。

钟大爷说,早年落下残疾,右脚行动不便,出门都靠手推车,"就这个车子,我想换成轮椅,找他们要钱,他们说怕丢了,不给我买"。

说服务　服务机构粗心马虎

钟大爷的租住屋只有30多平方米,堂屋没有卧室大,而卧室只摆放着一张1米宽的床、一张小桌和一台书柜。

堂屋里的灯泡坏了,还没人来修,"每周一和周五有人来帮忙打扫卫生,想等他们来了再换,前两天公司说换人了,结果昨天没有来"。

钟大爷所说的公司,是由社区购买的居家养老服务,服务机构每周派人来照顾钟大爷两次,每次半天时间。

对于社区的工作,钟大爷虽有牢骚,但是他并未打算撕毁与社区的协议,"我现在是过一天算一天,本来就过惯了(苦日子)"。

社区说法

大爷生活改善,一月有千元养老金

在社区管理者概念中,还没有把照顾钟大爷当作"以房养老"的尝试。社区服务中心主任马波说,钟大爷是一个特殊的案例,"他是孤老,年龄很大,2012年开始拆迁的时候,先是委托我们帮忙办理相关事宜,后头才说把房子交给我们,我们来给他养老"。

在马波看来，签订协议之后，钟大爷的生活得到了很大的改善。"他平时很少跟人打交道，平时生病都是社区帮忙照顾。"由于钟大爷行动不便，他的住房赔偿、"公改私"等手续，也是委托社区办的。签遗赠扶养协议的事，也是在那时就说好的。

马波说，社区之前为其争取到廉租房，但钟大爷没有接受，社区因此一直为其租房居住。"每个月有 1 000 多元的养老金，足够他日常开销。"

不给大爷钱，是帮他存安葬费

社区为钟大爷做了专账，记者看到的 2013 年账本上，记录了两笔收入，一笔是 60 000 余元的拆迁补偿安置费，一笔是 20 000 元的奖励，总计 80 000 余元。支出主要有 3 项，分别是 15 000 元的搬家及添置生活用品费、10 000 多元购买城乡居民基本养老保险的费用、7 000 元房屋租金。余下 40 000 多元。

马波介绍，账本会接受审计和监督，"他有时候也会找理由来要钱，如买了衣服来报销，但是理由不充分时我们怕他乱用，就没有给他"。

马波说，"虽然现在还有结余，但是如果生病住院，虽然有医保，还要自费付一部分；他去世后，还有安葬费，这点钱肯定不够"。马波表示，如果钱不够，社区将垫付。

社区最好别搞"以房养老"

四川省社科院社会学专家胡光伟说，"以房养老"是一门生意,是金融机构做的,是养老的补充,不能是唯一的模式。

社区不应参与进来,"社区只是一个居民的自治组织,没有那么多钱,面对老百姓的养老压力,可能无法兑现承诺,国家也无相关管理规定,对双方来说都没有保障"。

二、核心概念

住房反向抵押贷款是一种可以让退休居民把他们住房资产的一部分或全部转换成一次性的收入或一个固定年金的金融产品,与此同时,居民继续居住在该住所直至去世或出售、搬离住所。住房反向抵押贷款以复利计算,直到借款者去世或出售、搬离住所为止。在贷款期间,借款者不需要还贷。住房是唯一的还债资产,反向抵押贷款没有追索权。当贷款结束时,如果贷款本息超过出售住房资产的价格,贷款机构最高只能收回出售住房资产获得的现金。

住房反向抵押贷款和住房抵押贷款是两个相反的概念。住房抵押贷款随着时间的推移,贷款的本金和利息不断减少,客户的自有资产增加,而住房反向抵押贷款的现金流方向正好与此相反。住房反向抵押贷款比传统的住房抵押贷款更为复杂。传统的住房抵押贷款,现金流的交换是直接的、确定的,但是住房反向抵押贷款中的现金流相对难以预测——还款的时间是在将来一个不确定的时间,而且住房反向抵押贷款的利率一般也是浮动的。

媒体报道——真正意义上的"以房养老"

（一）广州试点"以房养老" 13 户老人签约占全国三成①

　　记者日前从广州市政府、广州市民政局了解到，从 2014 年 7 月广州开展"以房养老"试点以来，目前已有 13 户老人签约参加，占全国的三成，平均每户每月领取养老金 6 746 元，今年保监会还将延长试点期限，扩大试点范围。对于"以房养老"这一崭新的养老方式，目前的试点和市场反应如何？有何经验可以推广？未来又将如何推进？南都记者近日进行了走访。

子女开始有顾虑后来打消

　　每月 17 日，81 岁的冯叔和 76 岁老伴的银行存折里，便会有一笔总共近 4 000 元的款项入账，每过一段时间，冯叔便会将里面的钱取出，存到一个固定账户里，"这笔钱存起来是给我们老两口自己以后进养老院用的"。

　　去年 8 月，冯叔夫妇与幸福人寿保险有限公司广东分公司签约，参加反向抵押保险产品《幸福房来宝老年人住房反向抵押养老保险（A 款）》，其夫妻共有的一套荔湾区房产抵押登记，然后每月领取养老金，正式成为了广州"以房养老"的第 6 个客户。而 2015 年 11 月 1 日，正是投保合同生效后的首次养老金发放日，冯叔收到了他们的第一笔养老金。

---

①　来源：《南方都市报》，2016 年 11 月 30 日。

冯叔和老伴目前居住在白云区龙归附近一个小区,两人是本地人,都是国有工厂退休干部。冯叔有两个女儿,都已结婚生子,其中大女儿一家在加拿大。3年前,冯叔和老伴深感年岁渐长,腿脚不方便,便决心拿出全部积蓄,加上女儿的资助购买了目前这套电梯楼住宅,搬出已居住十多年的荔湾区旧房。

"当时买这套房用光了我们所有的钱,虽然我俩每月都有退休金,但也只能基本满足我们的日常生活和医疗花费。"冯叔说,他和老伴观念很开放,老早就想好了再过几年就到养老院去,"可是进养老院需要花费不少钱,我们打听了一下,有些一开始就要预交十多万元定金"。

去年 6 月,冯叔无意中从报纸上看到了"以房养老"新闻,用房子抵押投保可领养老金,冯叔当时就有点动心,并很快说服了老伴,不过在询问两个女儿的想法时,她们还是流露出一些顾虑。

"女儿们第一反应就是担心以后我们这个房子就没了",不过当她们咨询了幸福人寿工作人员,详细了解了这个项目,知悉父母去世后继承人拥有优先赎回的权利后,打消了之前的顾虑。

恰逢去年暑假大女儿回国探亲,冯叔便召集开家庭会议,提出将荔湾区旧房用来"以房养老"的想法,两个女儿在了解后都表态支持,"投保后房子的产权还在我们这里"。

　　之后，冯叔在工作人员陪同下自主选择了第三方房屋评估机构进行房产估价。确定符合参保条件后签约公证，经过30天犹豫期，再到房管所办理抵押登记，手续办理完成后便可领取养老金。

　　在评估报告中，南都记者看到，这处59平方米、近30年楼龄的房产市场评估价为89万元，有效保险价值80万元，"以房养老针对的群体是60～85岁的老人，根据房产的有效保险价值，男女双方投保年龄不同，所领取的养老金标准也各有不同"，工作人员表示。

　　"房子虽然抵押投保了，但是房产证依然在我手里，房子出租的2 000多元租金也归我们，其实我的感觉就像把房子放到当铺一样，以后有钱还能赎回，只是拿房子换活钱养老。"冯叔深入浅出地打了个比方，他选择更轻松、更有质量的生活。

签约老人有无子女各占一半

　　冯叔夫妇每月可领取养老金近4 000元，这个标准在目前广州参加"以房养老"投保的老人中属于中等水平。房子被评估后，每月给出的养老金额基于所抵押房屋的估价，并在考虑抵押房屋的折旧、长期预期增值、预期的被保险人平均生存年限、利率、终身给付的成本等因素后确定。以一套估价400万元的房子为例，与冯叔夫妇年龄一样的老夫妇每月可领取养老金在1.6万元左右。"目前最高估价是500万元，每个月可领养老金近 2 万元",工作人员介绍。

冯叔是参保老人中,有子女的参保代表之一,而在已签约的 13 户老人中,还有一半则是孤寡老人、空巢老人、失独老人等无房产继承顾虑的老人,谭阿姨是其中的一个。

谭阿姨是回城知青,无儿无女,一直独自一人生活。南都记者打通谭阿姨电话时,她正准备出门旅游,"等一下去坐车,跟几个老姐妹约了去周边散散心",她的语气很轻松。不过说起谭阿姨参加"以房养老"项目时,工作人员就表示印象深刻,"可说是参保人当中最谨慎的"。

早年下海自己做生意,谭阿姨辛苦积攒多年后在越秀区买了一套 30 多平方米、一房一厅的小套房,"这个房子就是我整个身家了"。

谭阿姨属于困难群体,靠每月政府发放的补贴维持基本生活支出,但因没有单位,谭阿姨只能自行购买居民医保,缴纳费用多,还必须缴满 10 年。"医保不买不行,特别现在年龄大病痛也多了,医疗费用只会越来越多",但每个月光交医保费用,对谭阿姨就是一个大负担。

孤寡老人领钱补贴医保

看到"以房养老"新闻后,谭阿姨留意起这个项目。"我就只有这套房,以前有人也劝我卖了房换成钱,然后去租屋住,可是别人的房子始终不如自己的,再说人家租房给我也不可能让我住到老死吧",谭阿姨坦言,她没有儿女,房子不存在继承问题,如既能保留自己的房子,又能借房子领钱补贴生活,她觉得可以一试。

从接触工作人员咨询了解这个项目开始到正式签约完成,谨慎的谭阿姨足足考虑了半年。工作人员也不厌其烦,耐心解释、答疑,才最终签约。

如今,谭阿姨每月可领到养老金近 2 000 元,除了交医保费用,还有一些结余,"一部分我存起来以备有大病或意外用,还有一点平时自己花,偶尔出去旅游,挺开心的"。

截至 2016 年 10 月底,幸福人寿幸福"房来宝"在四个试点城市的投保客户中,广州市已有 13 户老人签约参加,占全国 31.4%,平均每户每月领取养老金 6 746 元。

广州市目前有 140 多万老年人口,预计 2020 年将达到 185 万,即广州每 10 个人中就有 2 个是老人。"中国式"养老是以居家养老为主,而"以房养老"这种突破传统养老理念的创新型养老方式,正在为老年人提供一个新的养老解决方案。

记者观察

定位"小众"但市场可期

今年 7 月,保监会宣布将延长"以房养老"保险试点的时间,在北京、上海、广州、武汉 4 个先行试点基础上再进一步扩大试点范围。因此,虽然不乏争议,但基于正式推出产品一年广州已有 13 户老人签约,虽然数量不大,已是一个不错的开局,作为突破传统养老理念的一种创新型养老方式——"以房养老"向前推进的调子明显已定。

　　整体看,广州市140多万老年人中听说过"以房养老"的不少,但真正熟悉产品的不多。"以房养老"属于创新金融产品,定位"小众",为希望居家养老同时增加收入的老人提供多一种选择,但老人们逐步接受这一新型养老方式需要一个过程。

　　业内普遍认为,"养儿防老"的传统观念、国人对房产传承的观念及未来楼市价格波动对房产估价的影响是最大的挑战。

　　不过,在退休金增长放缓情况下,"以房养老"可满足老人居家养老、提高收入和终身领取三大需求。房价涨了,剩余价值归属老人的继承人;房价跌了,保险公司承担。作为首家开展此项业务的保险公司,幸福人寿认为其市场前景广阔。

(二) 三则真实案例告诉你:"以房养老"真的好吗?①

　　2015年3月,经过中国保监会批准,首款保险版"以房养老"产品由幸福人寿正式推出,这也是目前仅有的一家保险公司推出的"以房养老"保险产品。四大试点城市为北京、武汉、上海和广州。"以房养老",就是老人将拥有的房屋抵押给保险公司,继续拥有房屋占有、使用、收益和经抵押权人同意的处分权,并按照约定条件领取养老金直至身故;换句话说就是,拿房子换"活"钱来养老。住在北京西三旗的康先生老两

――――――――――――

① 来源:央视网,2015年10月20日。

口就选择了这种养老方式。我们先来看看他们的故事。

失独老人曾担忧养老问题 "以房养老"解除后顾之忧

北京市民康锡雄，今年72岁。7年前，他唯一的女儿因病去世，康锡雄和老伴一下子变成了失独老人。原本他们一直靠退休金生活，现在女儿没了，如何养老成为悬在老两口心上的一个心结。

现在，老两口每个月都能拿到一万多元养老钱，这是为什么呢？原来，在2014年2月28日，康锡雄的老伴马俊英参加了一个叫作"以房养老"的推介会。

马俊英：听完推介会的介绍，当时就签字了，就同意参加这个以房养老的保险。

2014年年初，康锡雄收到街道通知，说有一个"以房养老"项目推介会，他的老伴马俊英在参加之后立刻就签署了合同。

"以房养老"是刚刚兴起的一种养老新模式，具体的做法是，老人将自己的住房抵押给保险公司，保险公司开始按照约定的金额，每月发放养老金。将来老人去世之后，保险公司获得抵押房产处分权，从处分所得中偿付养老保险的相关费用，多余的部分返还老人的继承人。

"以房养老"是刚刚兴起的一种养老新模式

康锡雄给我们算了一笔账，他现有的住房是单位公房，2001年他搬进来之后，花了11万余元买断了该房屋的产权。

目前这套84平方米的房子市价约为305万元,有效保险价值约为274.5万元,对照费率表,夫妻两人每月共同应领取养老金总数为9 107.11元,加上老两口退休金约7 000元,每月共计可以拿到16 000多元钱。

康锡雄:你有这钱了,比如说家里头换点家电,比如冰箱,原来就是一个雪花,现在换了一个海尔三门的,过去就是一个门的。

目前,康锡雄和马阿姨的身子骨都比较硬朗,他们正在高兴地筹划着出国旅游,这是他们过去想做又很难实现的事情。

康锡雄:这一天忙什么呢,就是准备旅游,出去。过去没这闲钱,不敢出去。

马俊英:我觉得挺高兴的,晚年生活没有后顾之忧了。

"以房养老"全国四城市试点遭冷遇 原因何在?

孟晓苏,幸福人寿保险公司的前董事长,作为国内"以房养老"的首倡人,如今面对社会各界对"以房养老"的冷眼旁观和仅有35人参保的冷遇,孟晓苏并不担心。

国内"以房养老"首倡人孟晓苏:我们没有感觉到冷遇,因为产品本身是被冷遇了十几年,因为保险公司都不敢推,不敢推的原因是什么呢,主要原因是顾虑房价会下降,他们等了十年,结果十年房价上涨了好几倍。现在推出了没感觉到冷遇,反而感觉到老人非常热情,所谓冷遇是对这个产品的期望值太高,希望一推出有成千上万户就能够入保和服务到位。

如今面对社会各界对以房养老的冷眼旁观，和仅有35人参保的冷遇，孟晓苏并不担心。

孟晓苏坦言，以房养老目前只是试点阶段，仅有四个城市参加。尽管与全国的2亿老年人口相比，只有35位老人投保"以房养老"保险产品似乎微不足道，但对这一市场业绩，幸福人寿还是相当满意的。

据幸福人寿的工作人员介绍，目前"以房养老"四座试点城市，已经有200多户老人登记注册，有意向投保"以房养老"。幸福人寿把"幸福房来宝"定位为一个小众化的体现社会责任的保险产品，目的是帮助老人利用房产增加养老收入、解决养老的实际困难。

幸福人寿保险公司精算部高级专员王兴科：在试点期间，我们一开始设想是主推失独的孤寡老人，或者无子女的老人。

幸福人寿把"幸福房来宝"定位为一个小众化的体现社会责任的保险产品，目的是帮助老人利用房产增加养老收入、解决养老的实际困难。

孟晓苏告诉记者，反向抵押在国外早就是非常成熟的以房养老模式，在他看来，以房养老这种模式更适合我国的养老。

孟晓苏：中国老人因为特殊的历史环境形成低工资、低积蓄、缺乏保险。中国的老人也由于享受到房产的优惠，他们的房产都很值钱,这样的话,反向抵押"以房养老"的产品,在中国会比在世界其他国家更加受老人群体的欢迎。

被照护老人成照护中心房东 吃住护理一分不花 每个月还得2000元租房钱

孙振家老人,今年73岁,他的老伴周温如,72岁,他们是北京清檬照护中心被照护的老人,也是照护中心的房东,这个温馨洁净的照护中心就是他们的家。

孙振家老人15年前脑中风,导致全身瘫痪,生活不能自理,而常年独自照顾全身瘫痪在床的老伴,让周阿姨非常辛苦,也落下了严重的腰痛病。

一个年迈的老人照顾另外一位全身瘫痪的老人,其中艰辛外人很难体会。无奈,周阿姨想了很多办法,保姆请了一个又一个,但始终解决不了他们的具体困难。

一次偶然的机会,周阿姨在社区的活动中,了解到北京清檬养老服务公司推出了一个以房养老的服务项目,这让周阿姨喜出望外。

北京清檬养老服务公司推出的"以房养老"模式,是直接租用老人的住房,开设照护中心,房产权始终归老人所有。老人住在家里,一边享受养老护理服务,一边收取房子出租的租金,这样一来,不仅增加了收入,还得到照料,一举数得。

周阿姨和老伴每月退休金共有10 000元,扣除每月保姆费6 000元,生活费2 000元,每月只剩下2 000元左右。如今将房子租给清檬照护中心,他们不用再请保姆,周阿姨和老伴的生活、起居、服务全由照护中心负责,养老服务费 11 000元,每个月的租金结余 2 000 元,再加上退休金,周阿姨不用去抵押房产,每月的收入已经绰绰有余了;更重要的是,"以房养老"还解除了周阿姨的后顾之忧。

周温如:他们主要是重视人的照顾方面,我觉得特别满意。

15 年来,周阿姨寸步不离照顾瘫痪的老伴,今年家里有了专门的护理员,她终于腾出手来,到国外旅游了一趟,这让她特别欣慰。不仅如此,照护中心一日三餐提供的营养可口的"老人餐"解决了老两口的一大养老难题。

周温如:他们的饭做得挺好,没那么多油。

孙振家:过去老是让我,做多了剩下,做少了又不够。所以不适合,这儿让我吃新鲜的。

周阿姨的家经过北京清檬照护中心专业化改造之后,增加了不少老人的安全设施和无障碍设施,为老人的养老生活提供了便利。

清檬养老服务有限公司运营总监谢拥红:我们的老年护理床,看起来和一般的家居床没有太大的区别,但是它可以实现很多功能。智能床垫可以监测到我们老人的睡眠情况,可以监测老人的起夜次数、呼吸等等,方便我们对老人夜间的照顾。

照护中心每天还会接待照护社区里的其他老人,街坊们的陪伴,护理员和康复师的精心照料,使瘫痪多年的孙振家康复得更快。

康复师颜晓方:经过这半年的康复,孙叔叔现在说话我们也都能听懂了,而且手也已经有一些比较细微的动作能做了,脚能走个三五百米,都没有问题。

孙振家中风前是一位有才华的出版社编辑,在精心细致的居家照护之下,孙叔的身体一天好过一天,目前又能够伏案工作了,写日记,编剧本。

谢拥红:我们在调研中也发现,我们也去了解,老年人对抵押的这种模式大部分是不认可的。所以我们就结合了老年的需求,以及得到政府的模式政策的启发,我们就考虑到了这样的一种"以房养老"的新的模式。就是老年家庭的资源,以及我们的优势,养老服务的优势我们在做一种有效的资源整合,从而达到价值的最大化。

失能失智老人托养成难题　"以房养老"24 小时全方位护理　算下来每个月少花一万多元!

张淑贤老人的女儿孙晖:我父母就是这个全失能了,等于是老年痴呆比较严重。所以我们觉得,照顾老人就是使人焦头烂额,真的可以说是焦头烂额。

母亲张淑贤老人失能失智的两年多时间,孙晖和姐姐始终处于疲惫和焦虑中。无论是请保姆,还是送养老院,全失能母亲的护理工作，始终困扰着孙晖。

因为张奶奶的房子楼层高不适合开设养老照护中心，女儿孙晖就把 75 岁的老母亲送到清檬照护中心进行 24 小时专门照护，把母亲的房子出租，出租的租金来支付母亲的养老护理费用。

孙晖：她这个费用是 7 500 元，我们那个房子租了 9 500 元钱。我们算了算，我们要是在家请一个保姆，大概也得要 6 000 元钱左右，而且我们还要得管人家吃住。我们把房子租出去，里外算了算，大概还挣了有 1 万多元钱。我觉得这个是特别特别让我们满意的地儿，而且老人也得到了更好的照顾。

孙晖告诉记者，她把母亲的房子出租，出租的租金来支付母亲的养老护理费用。

孙晖也给我们算了一笔账。以前张奶奶居家养老，每个月请保姆等等的养老费用加起来至少 10 000 多元，现在以房养老，不仅这 10 000 多元省下来了，还从房屋租金里富余出了 2 000 多元。更让女儿欣慰的是，全失能老人得到了 24 小时的专业化的照护。

张奶奶以房养老，养老费用省了下来，还从房屋租金里富余出了 2 000 多元。

孙晖：怎么洗脸，怎么护理擦洗身体，怎么更换那个尿片什么的，自己在家照顾，也照顾不了这么仔细。

老人在照护中心的情况到底怎么样？孙晖现在也不用担

心,因为照护中心实行"互联网＋"的智能化管理,老人吃饭、吃药、康复训练等等生活的全部信息每天都制成专门的电子表格发送到孙晖的手机上,一目了然。

孙晖:这一点我觉得做得特别好,特别人性化。

在照护中心的一个多月的时间里,张奶奶的康复日见成效。

孙晖:以前认我们都不太清楚,也不能说话,因为她就是老年痴呆比较严重了。住进来之后一个多月,她居然就都能表达了,能说话而且认识我们,连叫名字叫得都可清楚了。这点让我们特别吃惊,让我们特别惊讶。

第二章 "以房养老"的相关
理论支撑

一、生命周期理论

住房反向抵押贷款对人的一生或一生中某个阶段消费结构及效用有重要影响。根据布伦伯格(Brumberg)及莫迪格里安尼(Modiglian)的生命周期理论,人们总会在自己生命周期之内,尝试达到收支平衡的目的。[①]

该理论的前提是:其一是消费者能理性消费的假设,其表示消费者能在一定范围内对自身消费及储蓄有长久稳定的规划。其二是消费者以达到最大化效用为首要目标的假设。因此,为实现最大化效用目标,理性消费者将根据自身情况对生命中各个时期的储蓄及消费过程进行最适分配,促使其在生命周期内实现收支平衡。由此可见,个人消费事关一生所有收入,而非现阶段收入。

生命周期理论的模型如下:

––––––––––––

① 舒元.莫迪格里安尼的"生命周期假设"[J].世界经济文汇,1986(2).

$$C = a \times WR + c \times YL$$

其中 C 表示消费支出，a 表示财富边际消费倾向，WR 表示实际财富（或非劳动收入），而劳动收入边际消费倾向代表 c，劳动收入代表 YL。根据上式可知，消费者所拥有财富、个人消费倾向以及长久理性劳动收入，将对其消费水平起决定性作用。

根据生命周期理论可知，退休老年人将开始利用储蓄维持其现有生活水平。随着他们收入的减少，他们倾向于把财富变成消费以保持他们的消费水平。但是，国内外又有大量的研究表明老年人退休后不会消耗他们的储蓄，不少人还会继续增加他们的储蓄。一种重要的解释是人有给下一代留遗产的意愿。这被叫作遗赠愿望（Fisher et al.[费希尔等]，2006）。近年的研究表明这种遗赠动机在老年人积累财富方面起到了重要作用。大部分家长都有遗赠的愿望（Fink & Redaelli[弗林和雷达埃利]，2005），这使得他们的收入被划分为消费和储蓄积累两种。这种预增的愿望在代际财富分配中有重要作用。

生命周期理论对老年人接纳住房反向抵押贷款提供了理论依据。人在其生命周期中，一般是年轻时候贷款买房，年老时，住房贷款已经还清，住房资产往往成为老年人最重要的资产，但又属于不动产。住房反向抵押贷款的推出，使得住房资产实现流动，使得人在整个生命周期可以更合理地优化资产配置。

二、福利经济学

福利经济学于 1920 年由庇古及霍布斯创立提出，是通过宏观经济学方式对社会福利偏好探索的理论体制。关于"福利经济"的定义，庇古曾在其《财政学研究》《产业变动论》及《福利经济学》中给予陈述，并以完善效用基数论等作为福利经济学首要体制。[①]

福利经济学有两大定理。其第一定理为，倘若各个经济参与者都能针对其偏好进行准确定义，其所达均衡分配必定是帕累托有效配置。根据福利经济学第一定理可知，在市场竞争均衡调配中，其帕累托均衡都为最佳状态，换言之，若人人都达成最大化效用目标，即可使社会有限资源实现最佳分配。

由此可知，福利经济学的首要概念是帕累托最优。因其由意大利经济学家帕累托首次定义而得名。帕累托最优是指，在资源配置的某个状态，无论用什么办法改变或重新分配资源，都不会在让所有人的效用没有变差的前提下，使某一个人的效用变得更好。而帕累托最优形态即为此类资源合理分配状态。根据帕累托最优概念，可对社会福利变化、社会经济运行趋势及社会资源合理配置产生深远影响。

而社会福利函数即为其另一重要内容。社会福利函数的公

---

① 庇古.福利经济学[J].社会福利：理论版,2015(6).

式为：

$$W = F(U_1, U_2, \cdots, U_n)$$

其中，U_i 是指某个人的效用。

社会福利函数即将各社会成员间效用分配及其主要关系进行细致描述。

福利函数可以用来研究分析不同的老年人在社会中同时进行住房买卖和转换的效率及福利的基本框架。

三、代际财富传递理论

代际财富传递理论，又称财富代际转移理论或收入代际转移理论，是揭示代际之间财富传递及其影响的理论，是目前经济转型期较受人关注的一个理论。该理论研究的是家庭财富在父母和子女之间是如何流动的，以及财富传承对家庭资源分配和人际关系的影响等。该理论的关键点是父母传递遗产时的动机，并根据核心动机的差异分为三种理论。

利他主义理论。1974 年，加里·贝克尔和保罗最早提出该理论。该理论认为利他主义是父母在财富转移时的主导力量。在这种动机驱使下，父母天然地希望提升子女的生活水平，尽可能最大限度把财富留给子女，并通常传承给经济条件最一般的孩子。

代际交换理论。伯恩海姆（Bemheim）等人于 1895 年在《战略性遗产动机》中首次提出。根据代际交换理论的说法，父母期望通过对小辈遗留财产或提供经济帮助方式,以身作则,使自己良好家风得到有效传承。该理论具有一定的片面性。

偶然遗传动机理论。该理论认为父母只是因为出于养老的目的,需要留一部分资产,即遗产。

中国当下,养老及利他主义成为家庭代际传承的重要因素。财富通常由父辈向子女传递。从财富传递的内容来看,住房是其中价值最大的。中国家庭财富代际传承模式将在住房反向抵押贷款政策落实期间,面临前所未有的巨大冲击。

四、保险精算原理

其原理包括大数法则及收支相等原则。

保险期间,全体保户缴入的保险费总额与保险公司支付给全体受益人的保险金总额相等,即为收支相等原则。根据人寿保险长期性特点,可利用三种不同方法衡量利率因素：其一,计算保险金支付及相关保险初期保费收入现值相等;其二,计算保险金支付的"现值"或"本利和"及另外某时段相关保费收入的"现值"或"本利和"相等;其三,计算保险金支付及保险末期保费收入的本利和(终值)平衡。

当试验次数足够多时,事件发生的频率无穷接近于该事件发生的概率,即为大数法则。伯努里(Bermulli)、泊松(Poisson)及切比雪夫(Chehyshev)大数法则,为三大常见大数法则。

实际观察结果与客观存在的差异随着样本数量的增加将越来越小,也越来越精确。由于大量随机现象的平均结果与个别现象的特征无关,因此保险人可无须承担个别随机现象的风险,从而集中精力扩大标的规模。可以把总体的平均风险视为预期风险,然后通过相同条件下的多数个人集中起来测出发生的概率,就可以计算出保险价格。

根据近年来的实践,中国的人寿保险公司将发掘住房反向抵押贷款为新型受理业务。拥有房产的居民通过房产缴纳保费,贷款机构则相应地提供养老金。该业务可以通过保险精算方法进行定价,并进行市场化运作。

五、期权理论

又称选择权理论,是以期货为基础而产生的一种具有交易价值的衍生性金融工具理论,与期权息息相关。事件双方的义务权利,由期权依据未来某一时期的资产价格而设定。买方购买期权,拥有了履行期权的权利。卖方出售期权,成为履行义务人。

期权也在住房反向抵押贷款中潜藏。借款人可以根据当前房产价格对自己是否有利来决定是否履行期权。如果贷款本息总额高于房产当前价格,借款人则需让渡房产所有权;反之,则可以偿还贷款而收回房产所有权。如果不考虑贷款成本,贷款本息总额与房产之差即为借款人执行期权所获收益。

六、资产流动性理论

该理论研究的主要内容是如何最大限度地让固定资产,尤其是不动产在市场中流动,从而起到对资源的有效配置。

不动产住房同时兼具一定流动性。房产所有者可以转让产权和使用权,也可以再买新房,这样就形成了固定资产与金融资产间的相互流通和转化。

住房反向抵押贷款以促进房产流动,激发房产融资功能为目标。通过开展该业务,可以提升房产流动性,老年人在提升了养老收入来源的同时,保留了房产的居住权,而房产流通和交易风险则由贷款机构承担。与此同时,对于从居民那里转嫁而来的风险,贷款机构可通过资产证券化等方式来减低风险,提升资金周转的效率。

第二部分

2

国外的"以房养老"

"以房养老"起源于国外,发达国家有较成熟的经验。但第一部分的内容显示,对中国来说,"以房养老"是一种新型的养老保障方式,国内对其研究还不是很多,社会上还存在很多误解,甚至有些人在尚未了解"以房养老"的情况下,就直接以要把房子留给子女为由拒绝进一步了解住房反向抵押贷款的具体内容。因此,研究国外住房反向抵押贷款的发展模式、产品的具体形式,对理解中国老年人参与住房反向抵押贷款的问题有十分重要的基础性作用。在此基础上,研究中国发展住房反向抵押贷款的背景、现状,进而分析老年人参与住房反向抵押贷款的主要影响因素,这会对中国老年人参与住房反向抵押贷款问题方面的研究有一定的理论和实践的贡献。

第三章 美国老年人参与住房反向抵押贷款的做法

住房反向抵押贷款并非是美国退休老年人唯一守住住房并收获住房流动资产的有效方法。其他有效方法包括住房资产信用贷款（Home Equity Lines of Credit,简称 HELOCs）和传统住房抵押贷款。但是,这两种方式都要求贷款人具有一定的收入和信用评分,门槛相对较高。而住房反向抵押贷款不需要借款者每个月还贷,还为借款者设计了诸多重要的金融保护机制,但参与费用和成本较高。HELOCs 和传统住房抵押贷款需要借款者每个月还贷,基本没有金融保护机制,但是费用和成本相对较低。

一、政府保险的住房反向抵押贷款产品——HECM 计划

为应对老年住房问题,美国住房和城市发展部（Department of Housing and Urban Development,缩写 HUD）下属的联邦住房管理局（Federal Housing Administration,缩写 FHA）制定了 HECM 计划（全称 Home Equity Conversion Mortgage,中文意

思为住房反向抵押贷款，缩写 HECM），为老年人贷款住房提供方便。贷款机构给老年人提供现金支付或者授信两种贷款方式。老年人使用这笔反向抵押贷款基本没有限制，可以用来应付日常生活开销，改善居住条件，支付医药医疗费用，偿还尚未还清的抵押贷款，等等。

（一）HECM 计划的前身

HECM 计划诞生于 1984 年，但在这之前，美国联邦和州政府相关机构已经在住房反向抵押贷款方面做了一些尝试。20世纪下叶，许多第二次世界大战前后出生的新生儿已经进入人生的中老年阶段，一部分人在没有子女的情况下，拥有房产却没有多余的现金资产，美国政府当局为此支付了众多的资源。为了有效地解决上述问题，当局从全局着想创办了相关的服务部门——国家住房资产价值转换中心（NCHEC），其核心要务就是向老年人提供其需要的住房反向抵押贷款方面的知识和其他资产管理方面的知识。1983 年，新泽西州劳瑞山的一家金融机构率先创办了这个方面的业务和服务产品，代表着理论研究向实践探索迈出了极其重要的关键一步。该银行推出的产品重点关注和服务于那些拥有房屋却没有充足现金养老的老年人们。这进一步拓宽了老年人的养老渠道，但由于业务流程过于繁杂等原因，这项业务的实施和开展进展缓慢，真正参加的人非常少。

（二）HECM 发展的基本情况

1. HECM 发展的起步

HECM 最先发展于 1984 年，因为美国住房抵押公司

(American Homestead)对住房反向抵押贷款风险金的支持,让政府放心地为住房反向抵押贷款提供保险业务。

1983年,参议员约翰·汉兹(John Heinz)向国会提交了关于由联邦住房管理局为住房反向抵押贷款保险的议案。HECM计划在1987年于国会通过。1988年,美国总统里根(Ronald Reagan)签署同意该法案生效。[①]

2010年10月,住房和城市发展部推出的住房反向抵押贷款救助(HECM Saver)计划明显降低了传统HECM产品的前期费用。这项措施也极大地改变了老年人参与住房反向抵押贷款的积极性,同时也对HECM住房反向抵押贷款的发展前景打下了很好的伏笔。这说明,在变化的经济大环境下,较低的短期贷款利率、金融安全会对老年人未来参与住房反向抵押贷款有较大的影响。

婴儿潮一代为美国住房反向抵押贷款的发展提供了很大的机遇。第二次世界大战后,美国在1946~1964年间就出生了约7 600万的婴儿,因此把这个时期叫作婴儿潮。婴儿的总人数约占美国目前总人口的三分之一。[②] 这个时代出生的人口逐渐在21世纪初达到当时住房反向抵押贷款的合格年龄——62周岁,婴儿潮一代把房屋看成一种流动性较好的资产而不是一种安全的存款,所以他们比大萧条那代人更能接受住房反向抵押贷款。

---

① Caplin A. The reverse mortgage market: problems and prospects[J]. *Zvi Bodie*, *Brett Hammond*, 2001.

② 陈伟.老年化浪潮下,美国人如何定义退休[J]. 中老年保健,2005(6).

他们会适当考虑挖掘他们的住房资产以满足未来的消费需求，这是对他们退休后生活的一种保障。在那个时代的人们即使只有很少比例的人参与到住房反向抵押贷款的活动中，也极有利于住房反向抵押贷款市场的发展。

HECM计划于1989年开始小范围开展，1989～1998年这十年里，增加了不到4万份住房反向抵押贷款。这十年的住房反向抵押贷款业务经历在后来也成为贷款机构的宝贵经验。1998年，HECM计划正式推广，截至2012年，每年大约新增70 000份住房反向抵押贷款。

2. HECM计划的普及

HECM计划的普及主要始于21世纪，并且HECM计划的方案也出现了许多变化，其中包括降低贷款限制，推出固定利率的HECM计划，开发新的贷款产品（HECM Saver计划），住房反向抵押贷款救助计划的前期费用（初始费用、交易手续费、HECM贷款的按揭保险费用等）较低。

2003～2008年，这期间随着住房反向抵押贷款产品相关知识的普及，利率的下降，房价的上涨以及住房反向抵押贷款额度的提高，参与HECM计划的老年人数量快速增长。在2009年之前，HECM计划归属于一般保险基金（General Insurance Fund，缩写GI）①。2008年7月30日，美国总统布什（George W·Bush）批

---

① 联邦住房管理局（Federal Housing Authority，FHA），是美国1934年大萧条时期，罗斯福总统为经济复苏推行新政的产物之一。其初衷是为了在20世纪30年代的大萧条中稳定住房业，而长期策略是为了使美国中低收（转下页）

准了《住房和经济复苏法案》(Housing and Economic Recovery Act of 2008,缩写为 HERA)。根据法案要求,从 2009 年起始,联邦住房管理局主持决定,HECM 计划已成为共同抵押保险基金(Mutual Mortgage Insurance,缩写 MMI)的一项重要内容。2014 年初,HECM 标准计划和 HECM Saver 计划合并成新的名为 HECMs 计划,新的 HECMs 计划降低了初始费用和总费用,并且还放宽了对申请住房反向抵押贷款的老年人不参加贷款活动方的年龄限制,并不要求必须达到 62 周岁。2015 年,联邦住房管理局引入了预期寿命预留增长率(Life Expectancy Set-Aside Growth Rate)等指标来进一步测算参加 HECMs 的税费

(接上页)人的家庭买得起房。FHA 为中低收入家庭提供购房贷款信用保险,凡 FHA 保险的抵押贷款,由 FHA 承担因借款人无力偿还或房屋贬值造成损失的全部责任。因此对抵押权人来说,FHA 保险的抵押贷款基本上是没有坏账风险的。

　　FHA 制定了很详细的抵押贷款标准,只要满足这些标准的要求,购房者向 FHA 申请就能得到 FHA 的抵押保险。FHA 承保的抵押贷款有最大贷款额限制,数额根据各个地区的生活水平和价格指数制定。1998 年低消费地区独户型住宅最高贷款额为 86 317 美元,高收入地区独户型住宅最高贷款额为 170 362 美元,抵押成数高达 9 成,最长期限 30 年。

　　FHA 收取保险金,保险金一般比私人保险机构的保险费高,理由是它担保的抵押信用标准较宽,因此承担的风险较大,保险费标准定期公布并在联邦政府登记。由于 FHA 抵押保险额有严格限制,它所保险的贷款额度只够购买中低档的房屋,因此它所服务的对象主要是中低收入家庭。

　　FHA 利用收取的保险费建立保险基金。保险基金有三种,分别是共同抵押保险基金(Mutual Mortgage Insurance Fund)、一般保险基金(General Insurance Fund)和特别风险保险基金(Special Risk Insurance Fund),分别为不同种类的住房抵押贷款提供保险。当 FHA 担保的抵押贷款出现坏账时,FHA 利用保险基金给予赔偿。在 1965 年之前,因 FHA 的保险金还不算丰厚,赔偿一般是只付 3%现金,其余给予 3 年期的债券补偿,但自 1965 年之后,FHA 的赔偿已全部支付现金。

和保险费用。

3. HECM 计划的主要特征

美国住房和城市发展部和联邦住房管理局制定 HECM 计划的最大成功之处就在于它能够保证借贷双方的保险业务。从 1989 年开展至今，联邦管理局也确实为贷款机构做到了这一点。当一笔住房反向抵押贷款合同结束时，若贷款总额超过住房被卖掉后的净收入，贷款机构需要向联邦住房管理局提交文件申明贷款机构损失的金额。联邦住房管理局会为贷款机构作出相应的差额金补偿，但保险补偿并不一定能覆盖贷款机构的损失。因为 HECM 贷款有一个最大贷款金额（英文名 the Maximum Claim Amount，缩写 MCA），是联邦住房管理局给住房反向抵押贷款的贷款机构的保险赔付额的上限。①

借款者依旧有权继续居住在现有房屋，即使他们的房屋价格已不足他们的贷款金额，所以为了保证这个条款能得到落实，同时也为了保障即使在贷款机构无法为继续提供合同约定的贷款时借款者的利益，这就需要抵押贷款保险发挥效用了。联邦住房管理局可以在贷款初期就让借款者购买这个保险，以保证将来利益。参加 HECM 计划的老年人作为借款方则被保证未来能获得他们应该得到的贷款资金，即使他们领取的贷款已经超过了住房的价值或贷款机构出现了财务困难。老年人以及老年人的住房不承担贷款总额超过住房资产的连带责任，这些风

---

① Davidoff T. Can "High Costs" Justify Weak Demand for the Home Equity Conversion Mortgage? [J]. *Review of Financial Studies*, 2015.

险都由联邦住房管理局来承担。当老年人获得的贷款总额达到最大赔偿金额(MCA)的98％时,贷款机构可以选择让联邦住房管理局来执行抵押贷款按揭,只要借款金额不超出抵押贷款金额,联邦住房管理局就可以定期为他们发放贷款金,借款者继续支取贷款。只有选择任期内支取贷款方式的借款者,可以不受主要限制金额的限制。

4. HECM的分类

HECM可以分为HECM标准计划和HECM Saver计划

HECM标准计划是指最原始的住房反向抵押贷款计划。它带给借款者两项优惠:一是有房屋居住权,二就是无需还贷款。借款者可以选择自己需要的取款方式:如每月固定年金,或者一笔信用额度,或者两者结合的方式。选择此计划的借款者在开始阶段需要支付一笔反向抵押贷款保险,保费为住房价值的2％。

HECM还有一个变种产品叫作HECM Saver计划。在2010年的时候,HECM Saver计划作为原始的HECM计划的一种替代品被推出。HECM Saver计划预付的按揭贷款保险较少,但同时也降低了借款者贷款的总额。此计划的反向抵押贷款是为那些希望借一笔比标准的HECM计划贷款额度小的贷款的房屋所有人。一个小额贷款还是必须由借款方承担的。借款者不再有其他义务,获得贷款方式、偿还方式和标准计划一样。

(三) HECM产品的具体要求

1. 借款人的限制

老年人参加HECM计划的前提条件是:一是年龄限制。

住房产权的拥有者中，至少有一个人的年龄在 62 周岁及以上；二是对原有住房抵押贷款的还款限制。如果贷款的老年人还有尚未还清的住房抵押贷款，那么剩余需要偿还的本息的还款来源必须是从 HECM 计划获得的贷款；三是对住房反向抵押贷款了解程度的限制。美国住房和城市发展部要求所有期望参加住房反向抵押贷款的老年人必须参加相关的培训和咨询，以让老年人明白住房反向抵押贷款以及其他融资渠道各自的特点和费用。在正式开始进入贷款程序前，所有申请住房反向抵押贷款的老年人必须参与这个由专业机构为其提供的咨询并且获得相关的证明。

对借款老年人的住房资产也有一定的限制。一是所有权。借款者本人必须是反向抵押的住房房主；二是住所条件。借款者必须把反向抵押的房产作为主要住所；三是住房资产标准。反向抵押的住房标准要达到联邦住房管理局的房屋最低要求。如果不符合，则事先必须修整以达到标准。

2. 最大贷款金额（Maximum Claim Amount，缩写 MCA）

该金额在住房反向抵押合同签订之初就会确定，数值是由合同签订时住房价值的评估值和 HECM 计划的贷款额度中较小的值。MCA 是 HECM 计划的贷款机构能获得的最大的保险索赔额。通过 MCA 和 HECM 的基本限制因子（Principal Limit Factor，缩写 PLFs）可以测算出参加 HECM 计划的老年人借款的最大金额。MCA 在 HECM 合同签订之初就必须确定，而且终身不变。若借款者的住房价值随着经济社会的发展不断上升，借款者可以把多出来的资产价值拿出去再融资。

3. 主要限制（Principal Limits，缩写 PLs）和主要限制因子（Principal Limit Factors，缩写 PLFs）

联邦住房管理局管理其保险风险的主要手段是通过主要限制因子（PLFs）来计算出最初 HECM 计划借款者的最大借款额，即主要限制（PLs），PLs＝MCA×PLFs。当借款者支取的贷款达到主要限制时，借款者不能再继续取款，但是贷款还会继续计息、计服务费和保险费用。①

贷款/住房价值的比率不仅是普通类别的住房抵押主要限制因子，也适用于 HECM 计划。这个限制因子不仅与借款老年人的性别、贷款年龄有关，还与未来的利率相关，主要限制因子的函数值是与年龄同方向增长的，年龄增大，限制因子也变大；与未来预期的贷款利率反向增长，利率越高，主要限制因子越小。HECM Saver 计划的主要限制因子较 HECM 标准计划要小。表 3－1 显示了主要限制因子随借款者年龄、预期贷款利率的变化情况。

表 3－1　主要限制因子随借款者年龄、预期贷款利率的变化情况

预期贷款利率	借款者初始年龄							
	25	35	45	55	65			
	特殊主要限制因子				HECM 标准	HECM Saver	2014 年 HECM	2015 年最新计划
5.50%	0.302	0.341	0.381	0.419	0.569	0.468	0.483	0.478
7.00%	0.146	0.187	0.228	0.270	0.428	0.316	0.363	0.332
8.50%	0.042	0.087	0.133	0.171	0.326	0.192	0.277	0.227

① Finis T, Lapid E, Müller W. LIMIT MULTIPLICITIES FOR PRINCIPAL CONGRUENCE SUBGROUPS OF AND[J]. *Journal of the Institute of Mathematics of Jussieu*, 2015, 14(3).

预期贷款利率	借款者初始年龄							
	75				80			
	HECM标准	HECM Saver	2014年HECM	最新计划	HECM标准	HECM Saver	2014年HECM	2015年最新计划
5.50%	0.636	0.508	0.540	0.553	0.703	0.554	0.597	0.644
7.00%	0.516	0.376	0.438	0.410	0.606	0.443	0.515	0.513
8.50%	0.425	0.264	0.361	0.304	0.531	0.341	0.451	0.414

数据来源：美国住房和城市发展部

4. 贷款支付方式

HECM计划有多种获得贷款的方式供借款者选择，而且只要贷款总额还未超过设定好的限制总额，借款者可以在任意时候改变贷款获得方式。贷款支付方式有以下几种。

第一，任内支付计划。只要借款者居住在自己的房子里，无论多久，借款者每月都能拿到一个固定的年金。

第二，定期计划。在一定的年限内，借款者每月都能拿到一个固定的年金。

第三，授信。借款者在任何时候有领取规定额度以内资金的权利。

第四，混合计划。借款者可以选择上述计划的任意组合。

5. 贷款利率

HECM计划的借款者也可以选择不同的贷款利率。

因为浮动利率有比固定利率低的优势，所以反向抵押贷款第一选择往往是浮动利率。浮动利率也规定了浮动的上限。由于贷款不需要每月偿还,所以利率的变化不会影响借款者收到的年金。当然,总利息会随着浮动利率增加或减少。

由于近年的经济形势变化,固定利率也受到贷款机构的青睐,而且相比于浮动利率,借款者还能收到更多的年金。

考虑加入反向抵押贷款的房屋拥有者往往已经身负一定规模的债务,住房拥有者也可能决定参与反向抵押贷款来解决一些更迫在眉睫的债务,比如信用卡债。相比于信用卡利率,反向抵押贷款的利率就有很大的优惠。

6. 未偿付的本金余额(Unpaid Principal Balance,缩写UPB)和贷款相应开支

借款者未偿付的本金余额会随着借款者不断获得贷款,应计利息的不断积累而增长,直至贷款结束,且余额还需要加上保险费用以及服务费。

HECM计划的初始费用可以直接从借款者的贷款余额中扣减,无须借款者事先缴纳。初始费用包括贷款发放费(启动费)、借款手续费、预付抵押贷款保险费用、预先收取的每年的服务费。2010年10月4日之前,预付抵押贷款保险费用为MCA的2%,每年的保费为未偿付的本金余额的0.5%。2010年10月4日之后,HECM标准计划的预付抵押贷款保险费用仍然是MCA的2%,HECM Saver计划的预付抵押贷款保险费用为MCA的1%。HECM标准计划和HECM Saver计划每年的保费一样,均为未偿付的本金余额的1.25%,较之前的0.5%有较

大的涨幅。[①]

2014年开始，HECM计划每年的保费仍然是1.25%，但预付抵押贷款保险费用则取决于借款者支取第一笔贷款的金额。若第一笔支取小于或等于最初HECM借款者的最大借款额的60%，预付抵押贷款保险费用为MCA的0.5%；否则，保险费用为2.5%。

7. 履约过程中的义务

一是主要住所要求。借款者必须保证他们的主要住所是用来贷款抵押的那所。对于共同借款者，则要求至少一位借款者一直把反向抵押的住房作为主要住所。如果借款者（或者最后在世的共同借款者）居住到别的地方超过12个月，住房反向抵押贷款则自动结束进入还款清算期。对于违反上述规定的借款者，贷款机构将有权对他们抵押的房产进行处置。

二是缴纳税费和保险的义务。借款者必须继续承担房产的各种税费和保险费用。若借款者无法支付房产税和当期的住房保险费用，贷款机构有权处置反向抵押的房产。

三是承担房屋维修费用的义务。房屋的保养维修必须由借款者保证承担。若房屋破旧损毁达到必须维修的状况，且借款者拒绝履行贷款机构向其提出的维修要求，贷款机构可以结束住房反向抵押贷款并进入还款清算期，并有权处置反向抵押的房产。

---

① Lee C C, Chen K S, So-De Shyu D. Credit, Equity Conversion, and Housing Endowment: Analysis of Reverse Mortgage Markets[J]. *Journal of Applied Finance and Banking*, 2015, 5(3).

8. 借款者保护措施

一是继续居住的权利。住房反向抵押贷款业务的实施必须得到联邦住房管理局的认可才能进行。

二是还款无追索权。当借款者去世，或搬离住所，或无法履行约定的贷款期间的义务，则住房反向抵押贷款结束进入还款期。若住房反向抵押贷款的余额超过了住房的价值，贷款方无权追索借款者的其他资产，联邦住房管理局会来补偿这个差价，但补偿有最高限额。

三是无提前还款限制。借款者也被允许提前偿还贷款金额。

四是有事前咨询。借款者参与住房反向抵押贷款前，必须接受由联邦住房管理局认证的独立第三方专业咨询机构提供的全面咨询。

五是定期披露。贷款机构必须按照联邦住房管理局的规定定期发放相关消息。

9. 贷款结束条件

HECM计划贷款结束的触发条件有五种。

一是借款者去世。

二是借款者搬离住所。借款者（或最后一名在世的借款者）永久搬离反向抵押的住所。

三是借款者长期未居住。借款者（或最后一名在世的借款者）由于生病或者其他各种理由，不在反向抵押的住房里居住的时间超过12个月。

四是借款者出售或转赠该反向抵押房产。

五是贷款存续期间违背合约内容。具体表现为借款者无法支付税费、保险费用，或者无法保持养护住房。贷款机构会通知借款方纠正相关行为，履行合同义务；若通知无效，则宣布贷款结束进入清算。

六是重新申请 HECM 贷款。

一旦贷款结束进入还款阶段，借款者的财产将被用来还其总贷款额。借款人或者借款人的房产代理商需要在六个月内还贷，还款的方式通常是卖掉反向抵押的住房。若借款者或其房产代理商六个月内无法卖掉反向抵押的房产或者用其他方式也无法还款，贷款机构则可以要求进入借款方丧失抵押品赎回权的程序。但借款者只以其住房资产对贷款总额负责，即使贷款总额超过了卖掉住房的净收入，借款者也无需对超额部分负责。

(四) HECM 计划产品的市场发展情况

1. 市场发展规模

根据美国住房和城市发展部的统计，截至 2015 财政年度，共同抵押保险基金（MMI）中的 HECM 计划的贷款资产组合的价值为 67.78 亿美元，并且认为该贷款资产组合的价值会不断增长，预计到 2022 财政年度，HECM 贷款资产组合的价值为 136.65 亿美元。[1]

---

① IFE Group (2015). Actuarial Review of the Federal Housing Administration Mutual Mortgage Insurance Fund HECM Loans For Fiscal Year 2015. U. S. Department of Housing and Urban Development：Washington, D.C.

表 3 - 2 近年来 HECM 计划需求变化情况

年份	新签约 HECM 单数	平均每单的 MCA（美元）	新增 HECM 总贷款额（百万美元）
2009	86 635	260 029	22 528
2010	61 922	261 554	16 196
2011	59 722	243 655	14 552
2012	46 262	235 036	10 873
2013	53 837	241 447	12 999
2014	47 646	258 656	12 324
2015	58 000	271 779	15 763

数据来源：美国住房和城市发展部

2. HECM 二级市场发展

1990～2000 年间，HECM 二级市场的发展为 HECM 一级市场的发展创造了一个良好的资本市场环境，打开了 HECM 计划贷款产品的销售市场，增加了购买 HECM 产品的投资者，从而增加了 HECM 产品的流动性。房利美曾经是 HECM 产品最大的机构投资者。20 世纪 90 年代，房利美只是持有 HECM 的产品，并没有把产品进行资产组合后证券化。但新的投资机构不断出现，逐渐取代了房利美在 HECM 二级市场的主导地位。

2006 年，华尔街的机构开始成为 HECM 二级市场的机构投资者，方式类似于雷曼兄弟在 1999 年对自营反向抵押贷款产品的证券化。2006 年 8 月到 2007 年 9 月，美国银行、德意志银行、苏格兰皇家银行发行了多款 HECM 的证券化产品。

2009 年，房利美持有的 HECM 产品在二级市场中占比为

90%，这一比例到了 2010 年第三季度迅速缩减到 1%。从 2010 年 12 月开始，房利美停止在二级市场上新购入 HECM 产品，只对原来持有的产品进行管理。至 2014 年年底，价值 480 亿美元的 HECM 产品已被房利美收入囊中。

吉利美在 2007 年开始进入 HECM 二级市场，他们在 2007 年年末成功实现了一种创新的 HECM 资产的证券化模式——HMBS（Home Equity Conversion Mortgage Backed Security，缩写 HMBS），也就是将住房反向抵押贷款金作为储备资金发行新的证券化产品。吉利美认可的发行人可以把新设立的 HECM 资产打包成一个资产池，并将其证券化。

根据住房反向抵押贷款产品的经营理念，贷款机构将他们的闲置资金换了一种投资方式，由房利美或华尔街投行进行收购。在吉利美的模式下，贷款机构可以选择：成为资产证券化的发行人，或者仅是找一个发行人，把自己的贷款卖掉。

HECM 在市场上受到机构投资者的青睐，主要有以下几点原因：第一是高效益；第二是结构简单；第三是等同于美国政府信用的背书，一方面是联邦住房管理局对投资者的信用风险的保护，另一方面是吉利美能够保障投资者的发行风险。

HMBS 资产池最小规模为 100 万美元，至少包括三个 HECM 的参与者，且有三笔以上不同的 HECM 贷款。[①] HECM 贷款的浮动利率和固定利率不能共存于一个 HECM 资产池中。

① Ginnie Mae's Program to Securitize Government Insured Home Equity Conversion Mortgages. *HMBS Overview*, 2008.

对于单一是浮动利率 HECM 贷款的 HMBS 资产池,池中的每笔 HECM 贷款的调息日和调息的频率都必须一致。

HMBS 发行人的义务有:第一,回购义务。发行人必须回购 HMBS 中那些已经达到最大贷款金额(MCA)98%的 HECM 贷款。购回后,若这些 HECM 还未达到贷款终止条件,美国住房管理局会按照协议来接管后续。若这些 HECM 已经达到了贷款终止条件,发行人协助贷款终止并移交给美国住房管理局。第二,信息披露的义务。一是借款者的性别和单个主体或夫妻共同申请住房反向抵押贷款的详细内容都是需要 HECM 资产池及时披露的信息。二是贷款和住房资产的形式。三是主要限制(PLs)。四是未清偿余额和最大贷款金额的比率。五是未清偿余额和主要限制的比率。

HECM 二级市场的风险主要有两种。

第一是发行风险。投资方必须要对住房反向抵押贷款证券化产品进行投资,才能让贷款行为顺利进行。

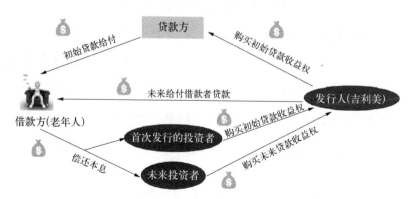

图 3-1　吉利美住房反向抵押贷款资产证券化模式

第二是二级市场的变化风险。住房反向抵押贷款产品可能会受到未来二级市场变化的影响，从而加大证券化的难度或影响证券化产品的销售。

表 3-3　吉利美近年来发行 HECM 资产支持证券化产品情况

（单位：亿美元）

2009 年	2010 年	2011 年	2012 年	2013 年	2014 年
51	120	108	85	92	71

数据来源：http：//www. ginniemae. gov/media _ center/Pages/monthly _ issuance_reports. aspx.

联邦住房管理局允许贷款机构发行的 HECM 产品贷款额达到 MCA 的 98%，但吉利美要求，凡是达到 MCA98% 的贷款，都必须被 HMBS 资产池购买，无论这笔贷款是否已经由贷款机构转移给了联邦住房管理局。

二、自营住房反向抵押贷款（Proprietary Reverse Mortgages Product）

（一）自营住房反向抵押贷款的发展情况

自营住房反向抵押贷款是一种存在年代悠久，却也没有很大的市场经营模式的住房反向抵押贷款产品，同时它也没有政府的保险保障。当 HECM 计划推出后，自营住房反向抵押贷款在整个住房反向抵押贷款市场的份额迅速下滑，在 21 世纪初期，份额基本上维持在 5%～10%。① 最后，自营住房反向抵押

---

① Changing Attitudes，Changing Motives：The MetLife Study of How Aging Homeowners Use Reverse Mortgages，March 2012. 25.

贷款基本已经退出了历史舞台。

美国历史上首例住房反向抵押贷款就是由私营机构承担的,时间是 20 世纪 60 年代。这笔住房反向抵押贷款对象是一位足球教练的遗孀。在 1961 年的时候这位女性向迪灵房屋互助公司(Deering Savings & Loan)提出了申请,并最终获得了一份与众不同的贷款,即现代意义上的反向抵押贷款。①

20 世纪七八十年代,民营贷款公司和州政府、地方政府的贷款机构开发了各种类型的住房反向抵押贷款产品。固定的利率和定期发放贷款是最初的自营住房反向抵押贷款经营模式,并且它将老年人自己的住房时限作为管理期限。这与后来 HECM 计划推出的任期内贷款支付方式类似。到了 20 世纪 90 年代,HECM 计划发展缓慢,每年新增贷款几百到几千份不等。与此同时,自营住房反向抵押贷款也陆续研发出新产品。1994 年,家庭财务公司(Household Finance)推出了一款授信额度产品。

房利美一直致力于新产品的研发以替代 HECM 的市场份额,1996 年房利美研发出"住房持有者贷款计划(Home Keeper)"这种自营住房反向抵押贷款产品。住房持有者贷款计划产品的设计初衷就是面向那些不满足申请 HECM 计划条件的老年人,尤其是那些希望通过住房持有者贷款计划来还房屋贷款的老年人,或者是具有房屋共同产权的老年人,或者是那些

---

① Gwizdała J. Equity Release Schemes on selected housing loan markets across the world. *SSRN*, 2015.

拥有的住房价值远远高于 HECM 计划的贷款最高限额的老年人。住房持有者贷款计划（Home Keeper）成为重要性仅次于 HECM 的住房反向抵押贷款产品，并且两者在成本利率上有很高的相似度。但两者也存在差异性。如住房持有者贷款计划（Home Keeper）支付方式就不如 HECM 的支付方式多样化。两者也都各具优势，如住房持有者贷款计划（Home Keeper）无借款上限，它的最高借款金额仅取决于房屋的价值，而 HECM 就设置了借款者的最高借款数额，不能给借款者提供更多的选择。

2005 年，房利美又为住房持有者贷款计划（Home Keeper）的借款者提供了三种贷款支取方式：一是任期内方式；二是授信额度方式；三是可调整的任期内方式。住房持有者贷款计划（Home Keeper）的基本要求，如贷前咨询教育要求、年龄要求、住房资产要求等基本和 HECM 计划一致。2008 年。由于住房和经济复苏方案（Housing and Economic Recovery Act，缩写 HERA）提高了 HECM 计划的贷款限额，住房持有者贷款计划（Home Keeper）的市场需求受到冲击，使得房利美停止发行新的住房持有者贷款计划（Home Keeper）。

1997 年，泛美第一住房公司（Trans America Home First）推出了一款浮动利率的授信额度产品，名为"现金账户"。1990 年，"现金账户"品牌被财务自由（Financial Freedom）老年人基金公司收购，并在自营住房反向抵押贷款领域引起一阵潮流。在当时的美国市场，Financial Freedom 老年人基金公司的自行设计和反向抵押贷款受到一致的追捧。这种贷款的结构与HECM计划和住房持有者贷款计划(Home Keeper)有很大的不同。这是一种极有利于借贷者的贷款结构。它能让借款人有机会一次性拥有大笔可自由支配的资金,用于投资人寿保险从而将固定的不动产转变为可利用的流动资金,不仅可以从事各种投资,还可以定期收回资金。最有价值的是这种房产的借贷条约,它规定借贷人拥有保留部分房产并由后代继承的权利。

Financial Freedom 老年人基金公司在 2001 年和 2003 年又分别设计了两种新的产品:标准现钞财产(Stander Cash Account)和零点现钞财产(Zero Point Cash Account)。并且 Zero Point Cash Account 是首次推出的无贷款费用的产品。这种私营企业与公有部门最大的差异在于有无联邦政府的保险保证,一般私营公司就没有这项权利。

升值分享方式也是 Financial Freedom 的产品和 HECM 计划的相异之处,同时,作为私有企业,它也不具备联邦政府的保险支持。其次,Financial Freedom 公司的产品的房产条例明显对老年人存在优惠,它允许借款人保留并由后代继承一部分房产,解决了老年人的后顾之忧。

2005 年,西雅图信贷公司发行了一款名为"自力计划"的住房反向抵押贷款产品,比市面上其他的自营住房反向抵押贷款产品的利率和费用更低。2007 年,美国银行收购西雅图信贷后,美国银行"自力计划"逐渐成为市场占有率上的第二赢家(第一被财务自由信贷公司现金账户计划稳稳占据)。

截至 2015 年,市面上还存在的自营住房反向抵押贷款产品提供商是代际抵押贷款公司(Generation Mortgage),产品名为代际加(Generation Plus),产品创立于 2010 年。他们的产品要求借款者年龄大于等于 62 周岁,贷款的最高限额是 600 万美元,贷款利率固定为 8.875%,贷款必须一次性支付给借款者,启动手续费为贷款初始余额的 1.5%。① 由于 HECM 的最大贷款金额是 62.5 万美元,那些拥有上百万美元住宅的老年人承认愿意选择 Generation Plus。按照 2010 年的情况,参加各种住房反向抵押贷款产品,老年人可以获得的最高贷款额情况如表 3 - 4。

表 3 - 4 2010 年参加各种住房反向抵押贷款产品,
老年人可以获得的最高贷款额情况

年 龄	HECM 标准计划	HECM Saver 计划	代际加 (Generation Plus)
62 周岁	住房价值的 62%	住房价值的 52%	住房价值的 26%
90 周岁	住房价值的 78%	住房价值的 61%	住房价值的 49%

数据来源：http://www.generationmortgage.com/jumbo-reversemortgage.htm.
注：若住房价值的比例超过产品的贷款上限,则最高贷款额只能是贷款上限。

(二) 自营住房反向抵押贷款产品的风险

贷款机构违背合约内容,无法及时向借贷者付款是相较于 HECM 借贷产品的主要风险形式。在美国的一些州有很严厉的法律来制裁这种情况下违约的贷款机构。从实践上来看,即使贷款机构破产,贷款机构也会继续对借款者履行合约上的义务。例

---

① Changing Attitudes, Changing Motives: The MetLife Study of How Aging Homeowners Use Reverse Mortgages, March 2012. 25.

如,雷曼兄弟破产后,其控股的 Financial Freedom 被迫转让给联邦存款保险公司(Federal Deposit Insurance Corporation),但 Financial Freedom 依然履行了自营住房反向抵押贷款的约定义务。

(三)自营住房反向抵押贷款产品的二级市场

第一个自营住房反向抵押贷款的证券化产品在 1990 年由雷曼兄弟首次引入市场。雷曼兄弟按一定的标准,把多笔自营住房反向抵押贷款集中归集到一个基础资产池,基础资金池的资产来源基本都来自自营住房反向抵押的贷款金,而那时主要由 Financial Freedom 公司和其前任 Transamerica HomeFirst 公司发行。在发行第一年,就达到以前市场份额的 40%,总发行量达到 3.174 亿美元。[①] 2000 年 10 月,雷曼兄弟收购 Financial Freedom。2002～2007 这五年间,有五个新自营住房反向抵押贷款证券化产品被雷曼兄弟研发试行。2008 年,金融危机爆发,雷曼兄弟破产,其正准备发行的第六个自营住房反向抵押贷款证券化产品随之终止。

美国银行在 2007 年收购了西雅图信贷及其旗下的"自力计划"后,投资了大量自营住房反向抵押贷款证券化产品。在 2012 年时,拥有 11 亿美元的自营住房反向抵押贷款资产的美国银行表示,他们几乎没受到因金融危机而不得不暂退出住房反向抵押贷款市场的影响。

主流银行机构和主要的自营住房反向抵押贷款产品的发行

---

① Changing Attitudes, Changing Motives: The MetLife Study of How Aging Homeowners Use Reverse Mortgages, March 2012. 25.

机构在 HECM 二级市场的退出，导致在 HECM 一级市场上有能
力和意愿去发行自营住房反向抵押贷款产品的机构越来越少。
截至 2015 年，HECM 一级市场上只有代际抵押贷款公司
(Generation Mortgage)还在提供产品。

三、政府对住房反向抵押贷款的监管体系

住房反向抵押贷款的监管体系和其他金融产品的监管体系
大为不同，这主要是 HECM 计划产品在市场上占绝对主导地位
造成的。联邦住房管理局只针对由其提供保险的 HECM 计划
产品的监管，但并不具有对市场上其他类型的住房反向抵押贷
款产品的监管权力。联邦住房管理局即使不具备监管其他类型
住房反向抵押贷款的权力，也依旧监管了整个市场，其原因就是
HECM 计划基本覆盖整个市场范围。

（一）联邦法律层面的监管

在联邦法律层面，关于贷款机构方面的法律条文可以直接
约束住房反向抵押贷款行为。

（二）联邦住房管理局对 HECM 的监管

HECM 的法规明确，美国住房和城市发展部必须对 HECM
计划提供保险以达到以下目的：第一，为了改善符合条件的拥
有住房的老年人的经济状况。第二，为借款者提供适当的保护，
以抵消住房反向抵押贷款对他们可能带来的一些特定风险。第
三，拓展住房反向抵押贷款的市场。

2008 年生成的住房和经济复苏法案（The Housing and

Economic Recovery Act of 2008)对 HECM 法规作了部分修改。住房和经济复苏法案授权住房和城市发展部可以为那些为了支付住房贷款而申请住房反向抵押贷款的申请者提供保险。法案同时要求,任何贷款机构不得把支付保险费用作为借款者获得 HECM 计划贷款的前提条件。

(三) 州层面的监管

住房反向抵押贷款各个州层面的监管主要集中在三个方面:即准入许可、监督、管制执行。州的银行、保险等金融机构都在监管范围内。2008 年,随着住房和经济复苏法案,抵押贷款准入许可法案(the Secure and Fair Enforcement for Mortgage Licensing Act of 2008),多德弗兰克法案(the Dodd-Frank Act)条款要求保护借款者利益,各州也纷纷效仿。

最显著的变化就是,如艾奥瓦州、马萨诸塞州和华盛顿州等地区,州政府都规定了一些审核部门,各地金融机构想要办理住房反向抵押贷款业务,必须要得到监管部门的批准。在马萨诸塞州和华盛顿州,监管部门就是该州银行委员会。

(四) 美联储层面的建议权

早在 2010 年 9 月,美国储委会对于住房反向抵押贷款以文件的形式提出看法。他们提议 HECM 计划和自营住房反向抵押贷款产品,即所有的住房反向抵押贷款产品应采用同一种的信息披露表。信息披露表以"住房反向抵押贷款的关键问题回答"为题目,要求老年人须仔细阅读这两页表,然后再申请住房反向抵押贷款。

美联储委员会还就保护借款者方面提出了建议，建议不仅仅针对 HECM 计划，而是针对所有住房反向抵押贷款。具体的保护建议主要为：

第一，申请者在请求住房反向抵押贷款之前，可以去征询一些问题，这是他们的权利。

第二，贷款机构不能引导借款者选择一家由贷款机构指定的咨询机构。

第三，老年人申请住房反向抵押贷款时，须明了他们不必为了申请住房反向抵押贷款而接受贷款机构其他的附加要求，如：买其他的保险、金融产品。

四、住房反向抵押贷款的替代品

住房资产的信用贷款（Home Equity Lines of Credit，简称 HELOCs）为借款者提供了用住房变换成现金的渠道。然而，HELOCs 相比于住房反向抵押贷款而言，它在风险、费用、收益上与住房反向抵押贷款有着天壤之别。对于部分符合 HELOCs 要求的借款者来说，HELOCs 或许能提供一种相比住房反向抵押贷款成本更低且风险更可控的贷款方式。

表 3-5　HECM 和 HELOCs 产品情况对比

产品	HECM	HELOCs
要求		
年龄	62 周岁以上	无限制

续　表

产　品	HECM	HELOCs
收入	无限制	必须有充足的现金收入以供每月的还款
信用	无限制	必须通过贷款机构的信用评审
费用/收益		
前期成本	贷款发放费、贷款初始保险费、贷款结束手续费	没有贷款发放费,没有贷款初始保险费
贷款初始保险费	HECM 标准：住房价值的2%。HECM Saver 计划：住房价值的 0.01%;持续费用：负债表的 1.25%	无
利率	固定利率：4.5%～5%;浮动利率：LIBOR+2.25%～3%	一般为 1%～2%,随信用状况浮动
贷款/价值比	51%～77%,根据借款人年龄和产品选择而变化	一般为 80%,上限为 90%
风险		
未来信用额度	固定利率：未来无信用额度限制;浮动利率：未来信用额度会根据利率上升而上升	若房屋价值下跌或信用从紧或借款者信用状况下降,信用额度可能会下调
未还款而丧失房屋产权的风险	仅承担违约的费用和保险费	违约的每月还款额以及税费、保险费
义务		
每月还款	无	每月必须还款,若不支付可能丧失抵押物权
税费和保险费	必须承担,若不支付可能丧失抵押物权	可以由贷款机构代缴
主要住所要求	必须把抵押的房屋作为主要住所	必须把抵押的房屋作为主要住所

第四章 美国老年人参与住房反向抵押贷款的特点

一、政府直接参与住房反向抵押贷款产品的运作

　　住房反向抵押贷款是一种高风险的金融业务,其目的就是满足老年人养老的需求。实际上,如果仅仅依靠市场推动,依靠老年客户和金融机构共同推动,这项业务的发展必然存在不足。随着人口老龄化形势的加剧,老年人在美国社会中的权重日益增大,养老问题是政府必须认真分析和探究的一个问题,必须在问题没有恶化之前就创新和构建一种新型养老保障模式。基于此类环境下,住房反向抵押贷款开始获得美国政府的认可,并且加大对其的扶持力度。美国政府为推动住房反向抵押贷款市场稳定健康地发展,直接抑或是间接地参与改良产品设计、健全风险防范制度、制订健全的法律法规,让市场愈加规范化。

(一) 政府为借款者提供保护机制

　　老年人在参与住房反向抵押贷款时,一旦贷款机构宣布破产,老年人往往就无法获得贷款,以至于无法安心养老。美国政府指定相关机构推出的 HECM 计划产品,拥有美国政府的担

保,并可以将资产打包售卖给房利美,借款者就不再有此顾虑。HECM 计划还提供了其他的利益保护机制。HECM 计划是没有追索权的,且不准许逼迫借款人售卖房屋来还款,老年人寿命就算再长,亦不必要运用抵押房屋之外的资产来还款。并且,住房反向抵押贷款适用的利率是可以不断变化的,按年调整的利率每年的利率调整幅度上限是 2%,贷款期内的利率帽调整上限是 5%,从而对于老年人贷款成本加以把控。[①] 政府直接参与住房反向抵押贷款,用政府信用很好地为老年人的借款提供了保护。

(二) 政府为贷款机构提供恰当的保护

贷款机构的风险基本上是抵押房产市值小于贷款本息和,换句话说,即因为贷款期限非常长、利率增加、房屋市值下降等原因造成贷款数额高于房屋市值。联邦政府对 HECM 计划的担保和有政府背景的房利美公司对 Home Keeper 的担保,使得发行机构规避了此方面的损失。通过联邦住房管理局统一对于借款人征收保险费用,对于双方可能出现的损失有一定程度的弥补,在保险基金金额不充裕的状况下,才会由联邦住房管理局承担损失。

政府有关部门提供早期的资本同时利用自身的政府信誉进行担保,甚至在特殊情况提供"兜底"措施,以便于金融机构对产品进行进一步的优化和开发,减少市场的顾忌和疑虑,从而使得

---

① 柴效武,胡平.美国反向抵押贷款发展历程及对我国的启迪.经济与管理研究, 2010(4).

借贷双方都降低了"风险"。在资产出售环节,贷款额度高于净资产的话,此机制能够确保金融机构规避损失,防范金融机构可能遭遇的风险。

二、政府根据国情由点到面逐步推广发展住房反向抵押贷款

美国反向抵押贷款的发展过程经历了从不完善至成熟,从初级阶段至高级阶段,从试点至大规模全面推广的过程。

在 20 世纪 90 年代之前,美国政府并没有进行实际意义的大规模推行住房反向抵押贷款,主要缘由可以总结为三点。第一,政府尚缺乏住房反向抵押贷款理论准备和实践经验。在 20 世纪七八十年代,学术界接连出现了许许多多的理论和研究成果,通过深入探究和分析住房反向抵押贷款体系,重点创新新的业务和金融产品,解决"房产富人,现金穷人"养老方面的问题。然而在 20 世纪 80 年代以前,住房反向抵押贷款一直处于理论研究开发以及思想初步萌芽时期,实质性业务并未真正大规模展开。第二,产品适用效果有待考究。当时市面上的住房反向抵押贷款产品存在众多不符合市场需要的条款。譬如,私营机构为了提高自身的效益,条款规定银行贷出的资金只能用来上缴房产税以及修整房屋等,到了期限的时候必须及时清偿,无论老者是否健在。同时,产品不存在风险担保制度,贷款的形式单一。由于背离了社会的需要,产品对于老年人的吸引力就有待考究了。第三,社会对住房反向抵押贷款的知识水平和接受程

度尚不高。反向抵押贷款是一项结构复杂、知识含量极高的金融产品,加之老年人本身知识储备少,对新生事物的接受能力弱,所以当时社会对反向抵押贷款业务的开办还存在种种误解。

20世纪90年代,美国政府开始有条不紊地发展住房反向抵押贷款。这主要是针对当时美国的国情作出的决策。一方面,当时美国的老龄化趋势进一步加剧,美国政府希望通过住房反向抵押贷款的方式来改善越来越严重的养老保障压力。另一方面,当时的美国经济形势好转,房地产业遇到了十多年的稳定向上的发展机遇;金融业资金不断充裕,许多风险保障措施得到了制定和优化。这些变化都使得住房反向抵押贷款的资产流动性提高。这给政府发展住房反向抵押贷款提供了良好的外部环境和较好的需求基础。所以,政府开始有条不紊地发展住房反向抵押贷款,但在初期,还是通过对数量进行限制,对全国发放了五万个贷款名额。① 而且对符合条件的贷款机构也要进行抽签才能决定是否批准其开展住房反向抵押贷款业务。试验取得社会认可后,1991年,美国国会通过投票,对有关条例进行了修正,推动了住房反向抵押贷款的市场化,提升了业务开展的规模。同时,还废除了抽签模式,只要是符合资质的贷款机构,都能获得经营权。住房反向抵押贷款逐渐在美国社会中流行起来。

21世纪初到金融危机爆发前,美国政府推动住房反向抵押

---

① 柴效武,胡平.美国反向抵押贷款发展历程及对我国的启迪.经济与管理研究,2010(4).

贷款的针对性和有效性进一步提升。一是因为住房和相关机构通过前期的探索和研究对于住房反向抵押贷款项目有了更深的理解和经验,对于将来如何实施和开展业务有了更多的思考和想法,因而政府能够更加高效地推广住房反向抵押贷款产品。二是因为大众对住房反向抵押贷款了解进一步加深。经由一段时期的舆论推广以及国民理财教育以后,住房反向抵押贷款自身的优越性逐渐受到广大群众的认可,大众对于该业务逐步认可并接受。三是因为美国经济持续繁荣稳定。由于市场利率走低,市场的投资热情高涨。大量资金注入房地产市场,房产价值进一步抬升。这种上升趋势降低了到期房屋的变现风险,金融机构不再担心还款风险问题,有助于政府推动住房反向抵押贷款业务的推广和产品的开发。这段时期,进行住房反向质押贷款的机构业已由20世纪90年代的不到200家发展到2005年的1 300多家。[①]

2007年,美国爆发了由次贷危机引发的金融危机,房地产市场低迷以及金融机构的自身危机制约了住房反向抵押贷款的进一步发展。之后,联邦住房管理局根据当时的国情,对HECM计划产品进行了一系列深入改进,详细而言:一是贷款的上限提高,并且贷款使用方式不加以限制,以便让愈来愈多的市值较大的房产对HECM计划亦适用;二是贷款成本大幅下降。此成本包含支付贷款机构的发行费、保险费等;三是HECM计划

---

① 柴效武,胡平.美国反向抵押贷款发展历程及对我国的启迪.经济与管理研究,2010(4).

准许客户一次性将保险费全部支付完毕,确保其能够及时且足额地获得贷款;四是允许从 HECM 计划获得的贷款能够用来购入新的房产,这对意图迁往小户型房屋抑或是直接搬入养老机构的年纪较大的房屋产权人而言是存在较大的吸引力的。政府对住房反向抵押贷款规则的调整和改进,使此项目能够更好地实现老年人的需要,尤其是对于年纪较大的房屋产权人来说,住房反向抵押贷款的吸引力更是大幅上升。

三、建立健全相关法律法规和制度政策

(一) 在立法上明确住房反向抵押贷款的发展目标和相关要求

美国国会出台了相关的法律法规用来对住房反向抵押贷款的运作环境加以规范,对借款人征收的贷款费用的额度加以清晰确定。

20 世纪 80 年代末,美国颁布和实施了美国国家住房法案(the National Housing Act, 1987),政府针对此贷款制订的政策加以具体的阐明,就其发展的关键目标加以法律上的确定:为实现某些老年人口的特殊要求,提高一些生活水平处于社会底层老年人的收入,准许将不容易变现的房产市值转变成能够供当期消费的流动性资产抑或是收入;大力支持私营企业主动参加住房反向抵押贷款业务,使此贷款市场在供给层面的角逐更为激烈;对于住房反向抵押贷款市场需求规模加以确定,改良产品设计,从而实现老年群体的需求。在该法案出台以后,国会给予了美国住房和城市发展部住房权益转换抵押贷款的权利。作

为一种专门扶持老年人的新产品，国家以自身的信誉为担保，相关金融机构给予需要的老年人养老贷款。

美国住房和城市发展部定时就 HECM 计划的运作情况展开评判估测，并且上报至国会，联邦住房管理局负责对于产品设计加以改良。1994 年通过的社区发展法案（Rigel Community Development Act）中的相关规定涉及了住房反向抵押贷款，可以用来对住房反向抵押贷款的运作加以监控。该法规大大增加了市场的透明度。根据该法案，贷款机构应向借款人披露全部贷款费用的真实预计额，即与住房反向抵押贷款有关的所有费用都必须向借款人披露。法案对住房反向抵押贷款的信息披露机制与信息公开的时间、内容加以明确规定。对存在风险水平较高、拥有较大的不确定性的住房反向抵押贷款创建科学的信息披露机制，不但可以确保身处社会弱势地位的老年人的知情权，还能够提升贷款机构在工作方面的效率，避免资源方面的浪费，对于住房反向抵押贷款的发展有非常大的正面影响。

（二）在政策上提供明确的优惠

政策优惠基本上聚焦于以下两个层面。第一，税收优惠。美国《国内税收服务》(IRS)中明确指出，参加住房反向抵押贷款带来的收入不包含在个人收入中，不包括在纳税范畴内；申请此项贷款且一并申请购买养老金的，购入年金的税费应该由贷款额里加以抵扣；借款人去世之后，对于抵押的房屋进行出售不需要上缴有关税费。第二，社会保障和福利待遇的保证。美国对于住房反向抵押贷款之后的相关优惠政策予以明确，打消借款人的顾虑,对于老年人的吸引力上升,推动此业务机制的不断发展。

(三)完善专业咨询制度

美国住房反向抵押贷款受到广泛认可的一个重要原因是,推行 HECM 计划以前率先创立了独立的非营利性组织——国家住房资产价值转换中心(NCHEC),针对老年人展开此贷款的推广。尽管大众的想法不会迅速发生变化,但是率先转换想法的某些群体认可此产品之后,接着经由其自身体验的宣传以及舆论引导,从而使得住房反向抵押贷款能够迅速地获得其他人的认可。

政府还明确要求借款者申请贷款前一定要前往具备资质的机构咨询,咨询内容包含协助老年人了解掌握此类产品的特性、收益以及风险,其他产品的对比,知晓各个支付形式的区别,等等。此举措确保了老年人可以迅速而准确地了解并认可此项贷款,找到与其自身情况最为符合的产品,避免其因不了解产品而造成自身利益的损失。政府对此类细节方面的重视,不但规避了某些不必要的争议,并且使住房反向抵押贷款获得了优良的声誉。

美国住房反向抵押贷款的专业咨询机构有两种类型:一类是非营利性组织。他们提供免费的咨询服务。另一类是贷款机构依据相关法律规定给借款人提供的具有专业资质的法律顾问。法律明确指出借款人在请求此项贷款的时候一定要出示由咨询机构的咨询专家签署的相关证明文件。此咨询机制对于推动住房反向抵押贷款有很大帮助，并且能够保障老年人在最大程度掌握住房反向抵押贷款属性的前提下进行贷款决策。

四、私营机构的积极参与和发达的金融市场的支撑

美国具有全球最为成熟的金融系统、全球最多的金融人才，这对风险程度较高的住房反向抵押贷款的推行有很大帮助。金融人才能够应用其技术优势，持续健全产品的架构，应用金融工具与金融市场高效地防范并分散住房反向抵押贷款的风险。政府的相关机构开发的住房反向抵押贷款产品，具有政府信誉的保证，金融工具的运用可以使风险下降，使政府部门的负担大大下降。私营机构的贷款通常不具有政府信誉的担保，因此，私营机构对金融人才和金融工具的需求更迫切，更需要一个相对成熟的金融市场，以便其产品经由证券化等技术方式，分散风险并募集到正常经营住房反向抵押贷款业务的资金。

私营机构的参与是对政府提供的 HECM 计划的有益补充。例如政府的 HECM 计划与房屋价值不高的房主的需求比较相符合，但为了满足拥有中高水平的房屋价值的老年人的需求，雷曼兄弟旗下的 Financial Freedom 公司的产品，则专门面向那些中高端客户群体，联邦住房管理局不对这些业务进行担保和政策优惠。

发达的金融市场为住房反向抵押贷款提供了具有充足活力的二级市场。市场机构依据资产证券化理念，实现了住房反向抵押贷款的资本运作，进而在资本市场聚集资金，然后买入符合

有关标准的贷款,从而增加了住房反向抵押贷款产品的流动性,提升了贷款的市场流转效率,带动贷款项目的开展,提升产业的信誉。

发达的金融市场带来的金融企业并购充足带来了规模效应。规模效应带动了金融机构效率的提升以及抵抗风险能力的提高,更多的资本以及专业化人才进入住房反向抵押贷款市场,从而使得产品结构变得更加丰富和全面,服务水平和效率更加优化。多样化的产品满足了细分市场上消费者的需求,让老年人能够根据本身的实际情况挑选与自身相符的产品,并且亦使甄别成本下降。因此,多样化的住房反向抵押贷款产品对于大众的吸引力进一步提高。

第五章　其他发达国家老年人参与住房反向抵押贷款的做法和历程

一、加拿大住房反向抵押贷款养老模式

加拿大住房反向抵押贷款养老模式共设立了三个项目,这三个项目都是由加拿大房屋收入计划公司管理经营的。加拿大的住房反向抵押贷款养老项目相当灵活,它可以根据申请人的自身情况和不同的贷款金额制定相应的贷款方案,并且借款人可以随意使用获得的贷款,因此,加拿大住房反向抵押养老模式得到了当地民众的认可与支持。

第一项为反向年金抵押贷款(Reverse Annuity Mortgages)。其主要的运营程序为,借款人将房屋抵押给贷款机构的同时会相应获得不同额度的钱,他们用这笔钱在有资历且发展稳定的保险公司购买一定的年金产品。他们也可以根据自己的需求情况在保险公司的指导下买到符合心意的产品,保险公司可以根据借款人不同的购买额度以及贷款年限如期支付给他们足够的养老金。这种住房反向抵押贷款养老项目针对的是年龄较大,

没有足够的养老金,且其拥有的房屋没有太大价值的人群。由于这种养老项目对申请人的要求较宽松,故参与到此项目中的人数众多。

第二项为信用限额反向房产抵押贷款(Line of Credit Reverse Mortgages)。首先,贷款机构会根据房地产评估机构的评估结果以及借款人的借款金额,为借款人设定一个合理的贷款额度上限,在信用额度范围内借款人可以不限次数、不限金额随意支取现金。然而当到达一定额度后,贷款机构会对借款人提出强制性要求,让他们一次性还清之前支取的本息。这个项目有一个很大的优势就是支取贷款的方式较为方便灵活,因此适合那种养老金较多但是又希望有其他收入的老年人。

第三种为固定期限反向房产抵押贷款(Fixed Term Reverse Mortgages)。贷款人成功申请此项反向抵押贷款后,可在允许的期限内每月或是每年获得一笔收入,直到最后期限来临前。到期后,如果借款人仍想继续持有此房屋,则借款人须归还之前的借款本息。如果借款人不愿支付借款的本息之和,则贷款机构可将抵押的房产拍卖,将所得的资金用于偿还贷款的本息。由于这种住房反向抵押养老模式要求借款人在借款到期后,如不能归还贷款的本息和就得搬离房产,这会使得很大一部分老年人在有生之年变得无家可归,所以选择该方式的老年人并不多。

二、英国住房反向抵押贷款养老模式

英国在 20 世纪 60 年代中期就出现了类似住房反向抵押贷

款的项目,那个时期几千家老年家庭参加了"房产价值释放机制(Equity Release Mechanism,简称 ERM)"的住房反向抵押贷款项目。因为 ERM 项目自身在设计层面有不足,缺少"无追索保证条款",从而造成了少有人问津的局面。而且,借款人得到的并非是现金,而是债券以及股票。此产品的设计理论是使用债券收益和该产品利息之间的差异数额当作借款人的养老资金。然而,之后英国进入经济低迷时期,加上全球股票市场的不振,导致利率增加,住房投资债券的市值大幅下降,更有甚者,许多债券的收益无法偿还贷款的利息。这致使部分老年人家庭面临巨额的债务。20 世纪 90 年代,英国政府宣告此产品不合法,参照投资者补偿办法(Investor's Compensation Scheme)对原借款人进行一定程度的补偿,但某些争议仍然未获得较好的处理,此项贷款在英国亦因此形象受损。近些年,老年人对于此项贷款的信心出现稍许回升,但大多数老年人对于此类型的产品以及宣传推广此类产品的机构依然抱有一种质疑的态度。

2001 年,在长期医疗皇家委员会的要求下,英国政府决心对退休居民的长期医疗以及再教育担当更全面的职责。该年 4 月,政府制订了一项住房反向抵押贷款计划,准许地方政府依据房产市值下发贷款,当借款者去世抑或是房屋售卖的时候,贷款到期。政府在 2001～2004 年的三年间为该项计划给予 8 500 万英镑的预算支持。

英国并未对于该住房反向抵押贷款制订专门的法律,然而别的部分法律能够对于住房反向抵押贷款进行制约。例如 1974

年出台的《消费者信贷法案》将数额不高于 25 000 英镑的住房反向抵押贷款囊括在内,对于贷款机构公开的信息加以明确规定,需要公开的信息包含各项金额以及利率费率等。对于数额不低于 25 000 英镑的住房反向抵押贷款,则通过抵押贷款人委员会(Council of Mortgage Lenders,缩写 CML)针对性地制订特定的规章,对贷款机构的基础性义务加以明确规定,包含要求其阐释住房反向抵押贷款的运行、特征等内容,保障老年人不被蒙骗。

为了增强对于此项贷款的监督管理,英国金融服务局(Financial Services Authority,缩写 FSA)自 2004 年 10 月开始对于此项住房反向抵押贷款事务全权负责,且把其名称更改成"终身抵押贷款"。此措施改善了对该项贷款的监督管理体制机制,提升了大众对该产品的信心。

除了政府推行的住房反向抵押贷款,英国其他住房反向抵押贷款产品的类型主要还有以下三种。

一种是卷藏式住房反向抵押贷款(Roll Up Mortgage)。这种贷款的借款人不需要每个月偿付利息。每个月的利息费用会自行添加于贷款总数额之上,借款者逝世之后,本金以及全部的利息费用会在出售的房屋获得的金额里加以抵扣。有些卷藏式住房反向抵押贷款会使用固定利率,以防范投资风险过大;某些贷款则使用有最高限额的浮动利率政策。申请贷款者可以选一次性给付贷款的形式抑或是年金给付的形式。此项贷款亦包括"不追讨保证",倘若本息和高于房屋资产,贷款机构不可以对借款者追究这一差额费用。

第二种是共享升值住房反向抵押贷款(Share Appreciation Mortgage)计划。苏格兰银行最早发起了该分享升值计划,之后巴克莱银行亦推出了此计划。此计划通常划分为两种:其一,借款人给付相较市场更低的利率,然而其一定要和贷款机构分享未来一定比例的房产价值上升获得的收益;其二,借款人不用给付利息费用,然而未来偿还贷款的数额是本金与三倍借款比率的房产价值上升额的和,借款比率上限通常为 25%。[①] 例如,如果老年人房屋市值是 20 万英镑,借款比率为 25%,即借款为 5 万英镑。若房产在偿还贷款的时候上升至 30 万英镑,那么其需要偿还的数额是 $50\,000 + 3 \times 25\% \times (300\,000 - 200\,000)$。此计划最显著的劣势在于在协议期间房屋主不可以转售抑或是从此房屋搬离出去,这使得房屋主丧失了迁居抑或是更换住所的权利。该住房反向抵押贷款计划在发行一段时间后,由于苏格兰银行、巴克莱银行缺少长期投资者的资金支撑而中止推行,但是此概念依然受到了众多用户的推崇。

第三种是反转计划(Reversion Based ERM)。老年人若参与此计划,需要先把房产售卖给一家帮助逆转房产价值的企业,接着由此企业安排把老年人应该获得的资金转换成终生每月年金,有些企业亦分阶段给付年金。老年人售卖房屋的时候,将房屋的所有权转让且确定了出售的金额,接着企业会安排老年人入住自己原来的房子里,但不需要支付租金,直至逝世。老年人

---

① 梁莉.住房反向抵押贷款定价研究[D].西南财经大学,2009.

逝世之后,企业将房屋收回。

综上所述,住房反向抵押贷款在英国已经具有了相当长的历史。和美国一样,英国的住房反向抵押贷款也是终身贷款,直到老年人去世、搬走或者卖掉住房为止,贷款也包括一次性发放贷款和年金发放贷款两种方式。但英国与美国的最显著的差异在于英国的住房反向抵押贷款产品未获得政府的担保,贷款提供方需要依靠自身来担当房屋价值小于贷款整体数额造成的风险。英国此产品的初始费用小于美国,然而贷款利率比美国要高。

三、日本住房反向抵押贷款养老模式

比起美国、英国,日本与中国的文化历史相近,日本三四十年前的经济发展阶段与中国当今的发展阶段也相近。因此,本书不仅研究了日本住房反向抵押贷款的产品,还研究了日本发展住房反向抵押贷款的社会背景。

(一)日本住房反向抵押贷款发展的社会背景

20 世纪 70 年代,日本正式步入人口老龄化社会。老龄化社会的来临,对于日本传统的国家补助退休保障机制而言形成了非常巨大的压力。尤其是步入 21 世纪之后,其承担的赡养比例大大高于某些西方国家,2000 年其赡养比例高于 45%。人口老龄化毋庸置疑将给政府的公共财政造成很大压力。2014 年日本总务省公布的人口推算报告显示,截至当年,全日本 65 岁以上的老年人达到 3 296 万人,占总人口比率已经超过 25%,老龄化程度居全球首位。[①] 迪士尼与约翰逊(2001)预计,到 2040 年,日本养老金支出在 GDP 中占据的比重将高于 15%。老龄化日益严峻,就政府而言是一个极大的挑战,对于国家经济的发展将会造成负面影响。

高价值的房产是该国的又一个显著的特点。通常来说,住房资产的价值将伴随年纪的增加而增加,日本此态势非常突出,和年轻人相比,日本老年人的房屋价值更高。米切尔和皮戈特(Mitchell & Piggott,2004)在其相关调研中发现,在日本,不低于 86%的 65 岁及以上长者是房屋的房主,这些人的房屋在其整体资产中占据比重超过 66%,这给住房反向抵押贷款在日本的实施奠定了基础。

(二)日本住房反向抵押贷款的发展历程和模式

20 世纪 80 年代初,日本开始了对于住房反向抵押贷款模式的摸索,并率先于东京都的武藏野市展开试运行,实行主体为地方自治信托银行,另外还有部分其他市场主体参加。服务对象为亟需须老保障的退休人员。操作流程为,由老年人向金融机构申请,把自身拥有的房产作抵押,银行则分阶段抑或是一次性借贷养老年金。当老年人去世的时候,银行自行使用其抵押的私有房产偿还借款,这时当时老年人用来担保抵押的房产的处分权全权授予该机构,从而完成老年人用自有住房完成养老的目的。

---

① 　王怡.他山之石：日本应对老龄化先进经验[J].质量与标准化,2014(7).

进入 21 世纪后,私有银行以及房地产企业亦正式开展住房反向抵押贷款项目。与此同时,2002 年,日本健康劳动福利保障部门对收入不高的老年人推广住房反向抵押贷款。

依据住房反向抵押贷款提供主体的差异,日本的住房反向抵押贷款基本上有三类模式。

1. 政府直接融资型

即通过政府有关部门直接对于此项贷款展开经营管理,政府指定特定的机构给退休老年人推行住房反向抵押贷款服务。直接提供参与型反向抵押贷款业务的地方政府有东京都武藏野市和中野区等。此类模式就借款申请对象以及抵押物的要求较高。比如,明确规定申请此项贷款的对象一定要是年龄不低于65 周岁的老年人,并且要求申请对象在本地区居住已满一年。此类住房反向抵押贷款还规定,老年人将自身拥有的房屋、地产等当作抵押物,其借贷比例不能高于土地当时价值的八成,倘若为高层楼房住房,借贷比例不能高于一半。

主要做法是,贷款对象:居住在该市一年以上,年龄在 65 周岁以上;抵押物:房产、地产(所有权)、高层楼房住宅等皆可;贷款额度:贷款额度的上限为土地时价的 80％以内,或者高层楼房住宅价格的 50％之内;①贷款期限:从签订借贷合同开始,到借款人去世时止。但累计贷款本息额达到贷款额度时,借贷合同终止,不再供款,贷款偿还:当借款人去世后,通过变卖所抵

① 明宏伟.日本住房反向抵押贷款的发展[J].企业导报,2012(22).

押的房产还贷，或者由借款人的继承人偿还，同时将住房赎回。

2. 政府间接融资型

即住房反向抵押贷款不直接由政府运营，而是通过政府充当第三方作为借贷双方的桥梁。提供间接参与型反向抵押贷款业务的地方政府主要有：大阪府大阪市、兵库县神户市、东京都世田谷区等。政府最后协助老年人从金融机构处获得贷款。此类型的住房反向抵押贷款申请过程是借款人首先向政府发出申请，接着行政机关和有关银行进行沟通，最后由银行向老年人发放贷款。

3. 民营机构参与型

参加住房反向抵押贷款的民间机构基本是银行、信托公司、信托银行和房地产公司。日本信托经济研究会构建了信托反向抵押的框架，依据此框架，信托银行把老年人的房屋转换成为金融资产年金，在对借款人发放年金的同时，还将提供医疗看护资金，而信托银行则把此类资产实施证券化运作。此框架下，申请贷款的老年人能够得到年金和医疗资金，而信托银行亦能够应用抵押的房产进行资本运作，给双方都带来投资的增值回报。由信托公司参与的住房反向抵押贷款，在很大程度上推动了此贷款的深入发展。

具体来说，日本民营机构参与的住房反向抵押贷款，以下三种方式比较典型。

第一种是三井信托银行的模式。他们的运营模式是多样的，借贷人通过将房屋抵押后，就可以取得一定额度内的自由借贷,年龄在 60 到 64 周岁间的老年人,可以用信用卡以任何形式在银行里支取现金,如果借贷人在亡故后,贷款到期,就可以通过变卖贷款人的房屋来作为偿还贷款的一种方式,多出来的部分就由继承人来接受。

第二种是银行模式。在日本的东京明星银行里,就采用了通过借贷人抵押其房产来借贷的一种借贷方式,向经办机构贷款的办法。与三井信托银行的运营不同的地方是,贷款的机构给借贷人一个自由的借贷范围,任由借贷人自己支配,未支取部分不计利息;对于支取部分,按月结算利息,由经办机构直接从账户中扣除。在借贷人离世后,通过将已有的房屋出售,然后巧销售的钱来偿还借贷的本金和利息,剩下的资金由其亲属继承。

第三种是房地产公司模式。在日本,一些房地产公司也纷纷通过提供住宅重建产品,加入到以房养老的行列中来。在高龄老人无力重建住宅的情况下,一些经营房地产的企业拿房地产作为抵押的资本,先将老人需要的重新建设的资金借贷给老人,然后进而再建造房屋,让高龄老人在有生之年住上舒适的房屋。当老人去世后,把其房地产变卖,偿还贷款本息。

日本住房反向抵押贷款实施之后,对降低政府财政压力起了非常关键的作用。此项贷款在发展历程里的三类基础性模式各具特色,互相补充,就其确保老年人的养老问题而言拥有巨大的价值。

四、新加坡住房反向抵押贷款养老模式

新加坡作为东南亚华人为主的国家,住房反向抵押贷款发

展的社会背景和中国较为类似。因此，本书也研究了新加坡开展住房反向抵押贷款的社会背景。

（一）新加坡开展住房反向抵押贷款的社会背景

2000 年，新加坡 60 岁以上的人口在总人口数量中占据比重达到 10.8％[①]，标志其正式步入老龄化社会。在亚洲国家里，新加坡属于人口老龄化程度非常高的一个国家，并且展现出某些特性。日本在 20 世纪 70 年代就步入人口老龄化社会，新加坡相较其推迟了大概 30 年的时间，然而新加坡的老龄化的步伐却相当的快。有关数据表明，2015 年，其 65 岁以上的人口在总人口中占比高达 13.6％，而在 21 世纪初的 2000 年其此项指标为 7.2％，15 年就上升了 6.4％，而此上升速度在日本之外的发达国家里通常需要不低于 45 年的时间。[②]

新加坡政府在福利政策上的观点是：社会成员个体应当将自己看作社会福利的关键负责人。这与西方发达国家提倡的国家福利政策存在一定差异。所以在不断严峻的人口老龄化态势面前，确保在不提高政府财政压力的同时，妥善处理其养老问题是新加坡政府在社会保障层面上遭遇的一个棘手的问题。

住房是新加坡老年人最重要的财富。依据麦卡锡（Mccarthy）等人 2002 年的预估，新加坡普通退休居民的资产中，住房资产占到 70％以上，而在住房反向抵押贷款发展水平最高的美国，此

---

① 金晓彤，崔宏静. 亚洲国家"以房养老"模式的经验与借鉴——以日本和新加坡反向住房抵押贷款为例[J]. 亚太经济，2014(1).

② 杜鹏，杨慧.中国和亚洲各国人口老龄化比较[J].人口与发展，2009,15(2).

指标也仅有 20%。基于此因素,新加坡具备较好的实施住房反向抵押贷款的根基。然而因为新加坡于 20 世纪 50 年代以后实施了公共住房保障政策,所以大多数民众具有的是公共房产,在 20 世纪末,在公共房屋中居住的人口数量在整体人口里占比已经高达 84%。通常来说,住房反向抵押贷款适宜在私人住房的拥有者中推广,这样在很大程度上可以防范因为产权争议造成的各种问题。如何在公有住房的前提下实行住房反向抵押贷款是新加坡政府遭遇的极大的挑战。

(二) 新加坡住房反向抵押贷款的发展历程和模式

新加坡展开住房反向抵押养老模式能够追溯到 20 世纪 90 年代,其住房反向抵押贷贷款养老项目基本上有下面三项。

第一种为租房养老模式。新加坡政府明确表示,居住在组屋的国民,倘若年纪高于 62 岁,那么能够在政府审批通过之后把其居住的组屋的所有抑或是部分房间用以对外租赁,用租金来养老,而年纪没有达到 62 岁的国民则不准许为得到租金收入而将组屋租赁出去。

第二种为换房养老模式。这种方式与第一种相似,都不用金融机构的介入就能够直接实现。政府大力支持房屋居住面积较大的老年人通过用大房屋换取小房屋从而得到面积差异数额部分的收入,进而使其晚年具有充裕的养老收入。

第三项为商业属性的住房倒按揭养老项目。1997 年,新加坡保险合作社(职总英康保险公司)开办住房反向抵押贷款产品,还有一家供应该项服务的是华侨银行。两家机构在开展该项业务的时候都对于抵押房屋的权属、借款人的基础状况等做了清晰的规定。在职总英康保险公司的住房反向抵押贷款养老计划里，包含下面几项规定。第一，该企业对于参与此项贷款的借款对象提出了较高的条件，此项业务只针对不低于 60 岁的新加坡公民或者具有私人房产时间不少于 70 年的新加坡常住人口。而且借款人一定要是在职总英康保险公司的人寿险、抵押保障险及房屋保险的客户。其次，保险公司还就还款的相关事项设置了规则：倘若唯一借款人抑或是联合借款人里年纪最小的那位在贷款结束的时候年龄高于 90 岁，抑或是借款的本息和高于抵押房产价值的 80％以上，那么借款者一定要将贷款的全部本息偿还。保险公司对于贷款本息高于房屋价值的部分拥有追索权。在贷款期内，倘若抵押的房产价值下跌，保险公司均有单方面下调贷款的额度的权利。

商业属性的住房倒按揭养老模式开展没多久就以失败结束。这主要是因为：首先是对于对象的要求过于严格，并且业务缺少保障条款。尤其是在新加坡不低于 80％为公有住房的前提下，只就私有房产可以参加此项目的推行难以使业务得到扩展。二是贷款机构可根据房屋价值的变动随时调整贷款的额度，且对超过房屋价值部分的贷款本息和具有追索权，所以会造成某些寿命高于借款期限的年纪较大的老年人在贷款到期之后因为没办法支付借款的本息而无奈搬离居所，抑或是由于房产价值降低而造成资不抵债，造成老年人在晚年还身背巨债。

2006 年，新加坡建屋局（Housing and Development Board）

放宽住房反向抵押贷款针对私有房产的限制,准许公有住房的产权人参加到私营企业的此贷款中去。2009 年 3 月,此项目在得到进一步扶持,建屋局公布屋契回购计划(Lease Buyback Scheme),在此项计划里,具有三房式(即有两间房间的住房)抑或是更小组屋的公有住房产权人能够把其剩下的租期售卖至建屋局,从而获得一项终身的养老补贴。此计划对于参加者有一定条件的要求,即年纪必须不小于 62 岁,申请人的家庭收入应该小于 3 000 新元,房屋未受到减值释放。建屋局对于申请人的房产的市值加以测算,回购房产租赁期的最高期限是 30 年,协议签署之后,建屋局对参加对象供应 10 000 新元的补贴,并且给予 5 000 新元的预付金。在回购租赁期,参加此项目的老年人能依照其参加此规划时候的年纪以及租期价值永久获得上述养老补贴,在回购的租赁期中,老年人依然能够住在之前的住所中。然而因为回购的最高年限设定为 30 年,倘若参加此计划的长者在 30 年的租赁期间到期以前逝世,则剩下的回购屋契的收入会由其继承人拥有,倘若其寿命高于 30 年的租期最高限额,则建屋局会另有其他安置,给此类老年人分配护理居住地点。2010 年 4 月开始,此计划的对象范围进一步放宽,此举措让具有资质参与此计划的三房式住房老年人比重由 73% 上升至 82%。2013 年 2 月开始,该计划深入优化,屋主在建屋局处能够得到的现金补贴从 10 000 新元上升至 20 000 新元。

总体来说,新加坡的住房反向抵押贷款业务在发展最初是由保险公司运行,是一种私营机构运作的方式,其服务对象为私人住房屋主,政府的组屋不在范围内,对于 80％民众都居住于公有住房的新加坡来看,[①]收效甚微,而较为成功的屋契回购计划就将公有住房组屋包含了进来。另外,从新加坡早期发展住房反向抵押贷款的失败教训来讲,住房反向抵押贷款合同中无追索条款的设置极其重要,无追索条款的设置有效地保障了参与贷款的老人的利益,除非老人过世或者永久搬离房屋,否则只要老年人没有离开参与抵押的房屋,其都不需要用自己的其他资金来还款。新加坡的屋契回购计划代表的政府包揽性的模式比较特殊,与其具体国情相适应,是国家经济、政治、文化相互作用的结果。

纵览新加坡住房反向抵押贷款发展的过程,反向抵押的资产由私有房产拓展至公有房产,实施主体由私有保险公司拓展至国家建屋局,对于参加对象的制约条件逐步放宽,给日益增加的老年人口提供退休补贴,这对于该国政府面对人口老龄化的严峻形势,降低政府财政资金压力拥有非常重要的作用。

五、法国住房反向抵押贷款养老模式

在法国市场中有一种类似住房反向抵押贷款的产品名为一生(Viager)。这种产品是有政府支持的,与房屋买卖有密切联系的终身年金契约。借款人为房屋产权人,贷款人为住房者(一

---

① 新加坡统计局.Population Trends 2013 ［EB］. http：//www.singstat.gov.sg/Publications/publications_and_papers/population_and_population_structure/population_trend.html，2013.

般不完全是金融机构），签订终身年金契约后借款人可继续居住房屋，直到借款人逝世，贷款人才可以回收房子同时停止支付金额。这种市场行为无政府参与，属于个人行为，交易模式首先确定借款人所拥有房产的价值（市场临近一次发生房屋出售的价格）而后确定终身年金价格。

法国 Viager 产品的借款人一般为老年人，而贷款人为年轻人，老年人去世后由年轻人获取房屋产权的所有权。因此，若老年人过早去世，则年轻人会节省支付金额。（如：一个年轻人只需要以 15% 的价格获得在购买住房反向抵押贷款一个月后不幸逝世的老年人的房子，换句话说，年轻人只需要支付房子市场价格的 30%～50% 就可以拿到房屋居住证。）相对的，如果老年人生存时间很长则年轻人有可能付出更多成本才会获得房屋所有权。另外，若年轻人不幸去世，则由其家人承担给付余额的责任，否则老年人有权重新出售自己的房屋产权，这种情况下，年轻人起初给付的额度完全损失。在法国把这种住房反向抵押产品视为一种社会救济金的有效补充，而且较为推广这种产品的合同签订。

Viager 这个项目的运作的基础是房屋价格以及生命长短之间能否达到协调的关系，它的运作模式具体是：

第一，确定卖方房屋的市场价格。确定卖方房屋的公平市场价格是进行 Viager 交易的基础。一般有两种方式来定价：一是通过第三方机构或者权威专家对资产进行评估定价，由卖方负责。充分考虑房屋面积大小、区位条件、建设年代、房屋质量等因素,由资产评估机构进行价值评估,得到公平市价。第二种,价格由双方互相商讨定位,同时参考近段时间相同房型的售价,实现双方共赢。在实际操作中,以后者居多。因为 Viager 系统的交易基本为个人之间的行为,对中介组织的依赖并不充分。

第二,商定房屋的 Viager 交易价格。卖方房屋 Viager 价格的确定主要考虑两个因素,房主的年龄和房屋的公平市价。通常而言,若售卖方的年龄是 60 岁,那么交易时的价格是房子公平市价的 50%;若为 70 岁,那么便是 60%;若为 80 岁,便是 70%;依此类推,90 岁时则为 80%。

第三,支付交易款项。一般都是采用按月支付,每月支付一定比例的首付的方式结合支付。即订完合同,卖方要先付 0～30% 的首付,剩下的部分按年付给卖方。其中,首期最高付款额不超过房价的 30%,[1]如果房主年龄越大,首期的比例越高,反之则越小;按月支付的年金数量是按照卖方的年龄来确定的,一般来说,如果卖方年纪越小,所要支付的月付款就越少,反之则越多。

第四,支付的特殊约定。此外,买方所支付给卖方的月支付金额要保证他可以维持正常的生活水平,因此,需要与通货膨胀相联系。这在 Viager 的付款中,也是一个很特别的规定。

第五,房屋产权的变更。可以通过卖方的生命长度来决定,

---

① Chou T L. Comparing of Local Government Official Website Disclosure about Home Equity Reverse Mortgage Pilot Program in Taiwan[J]. 2014.

如果是卖方活得比买方时间长,就要让买方的子孙来继续为卖方提供协约金,如果是子孙没有提供,那么合同就自动生效为房产还是归卖方所有。如果卖方过早过世了,那么买方就可以提前获得房子所有权,买方可能获得比市价要高很多的房产;反之,买方可能要付出比市价高很多的资金来获得房屋的所有权。

第六,买卖双方的博弈。在 Viager 系统交易中,对卖方年龄判断准确与否,是一个关键因素。比如,买方通过 Viager 买了一位 60 岁巴黎人的房子,但卖方在一个月后不幸离世,那么买方可以支付房子的公平市价的 15% 来获得房子真正的房产权。相反地,如果卖方再活 20 年、30 年,或者更长,买方支付的款项将有可能是该房产价值的好几倍。这正是法国 Viager 系统的独特之处,真正体现了关于个人生命在买方和卖方之间的博弈。甲乙双方在交易时对于卖方的寿命期是否可以准确地估量是这场对弈的关键所在。

法国在 2004 年对养老金业务进行改革,他们模仿美国的方式,吸取其精华,通过住房反向抵押贷款,引出更多的不动产贷款新品。2006 年 3 月,法国更是修改了《民法典》《消费法典》《保险法典》《商法典》中的相关内容,使担保制度更加严谨,为住反向抵押贷款业务的推出提供了法律保障。到 2007 年,在法国的一家银行推出了这项针对提高老年人生活质量的业务,让房产变"终身年金",这可以看作是对 Viager 系统的重大改进。[1]

---

[1] Février P, Linnemer L, Visser M. Testing for asymmetric information in the viager market[J]. Journal of Public Economics, 2012, 96(1).

　　例如，法国地产信贷银行推出的终身年金产品的主要内容是：一是，当老年人的生活费不够或者因事导致需要大量开支时，他们可以向地产信贷银行贷款，并将房子典质给银行，将所贷金额用作任何地方都不受管制，如医疗费、房子装修费、弥补投资亏损等。二是在借款人去世后，房产由所借贷的银行来售卖，偿还贷款的本金和利息，但是如果在借款人在世的时候同意出售房屋，也是可以自己去出售房产的。三是借款利率固定，每年 8％，包括贷款手续费用、风险费用等，除此之外，不再有其他的贷款成本。四是还款额度以借款人的房产价值为上限。即借款人去世后所欠下的债务，不可以超过房子的总的售价，也就是说一旦房屋的价格低于了贷款的本金和利息，那么差额就要由银行来赔付，反之如果超过了当时的本金和利息的总和，那么多出来的就要给房屋所有人的继承人。

　　由此可见，法国的住房反向抵押贷款产品是以银行为媒介，保证买卖双方公平公正，将风险降到最低，操作更为标准，但从本质上讲，与 Viager 系统类似。其住房反向抵押贷款的本质就是老年人以房子作为抵押获得一生的资产保证。退休老年人即使退休金不多，但是很多人都具有高价值的房产，因此，随着大量法国人的退休，法国住房反向抵押贷款的市场在不断扩大。通过住房反向抵押贷款，可以让不动产"动"起来，老年人可以依靠住宅实现自我养老，将会生活得更幸福，也会生活得更有尊严。

六、澳大利亚住房反向抵押贷款养老模式

澳大利亚 20 世纪 80 年代末开始讨论"以房养老"模式,直到 2005 年年初,在无政府参与的情况下,由几家金融机构共同发起并成立了住房反向抵押贷款市场,且由行业协会(Senior Australians Equity Release Association of Lenders)来主导和监管整个市场。在此市场中,年金型住房反向抵押贷款为主要运营产品,此种产品中所抵押房屋的产权必须归借款人拥有,贷款期限不得长于十年,但如果借款人在这段时间内逝世,则可以提前将贷款及本息一同还清,不然需要等期限到了才能作处理。[①]

澳大利亚住房反向抵押贷款市场最突出的特性有:

第一,借款人在选择了住房反向抵押产品后未必要居住在其抵押的房产中,居住场所无硬性要求。这与美国的 HECM 计划要求老年人必须把反向抵押的房产作为主要居所不同。

第二,澳大利亚住房反向抵押贷款可以一次性全额支取,也可以按年支取,随借款人的偏好,其方式有多种,可以选择混合支取的方式,也可以采用支票或者储蓄卡提取;借款人可在规定限额范围内即用即取。

第三,可以证券化。随着抵押房产价值的改变,澳大利亚住房反向抵押贷款证券化产品的价格也可以随之变化。

第四,参加住房反向抵押贷款的居民有税收或者房屋维修

[①]　Haffner M E A, Ong R, Wood G A. Mortgage equity withdrawal in Australia: Recent trends, institutional settings and perspectives[J]. 2015.

等问题出现时，债权人可以代其处理，相应减少年金支付。

澳大利亚的反向抵押贷款市场经过 30 多年的发展，规模逐步扩大。根据德勤会计师事务所的统计，截至 2011 年年底，全澳共有 4.2 万例反向抵押贷款，总金额达 33 亿澳元。在过去三年里，这种贷款的增长率均保持在两位数，而且平均每例贷款的数额从 2005 年的 5.1 万澳元增加到 2010 年的 7.2 万澳元。[①]

---

① 《以房养老并非最佳选择》，经济参考报，2013 年 10 月 22 日。

第六章 各发达国家住房反向抵押贷款比较分析和经验总结

一、国际住房反向抵押贷款市场的相同之处

第一,住房反向抵押贷款产生的原因几乎一样。从上述美国等七个国家的住房反向抵押贷款市场运营状况介绍可以了解到,各国推出这种金融工具的背景基本相同:一是各国人口老龄化程度急剧上升,老年人数量急速增加,养老压力日益突出,且国家财政中保障金缺口逐步加大;二是房产私有化逐步提高,居民均将大部分资产投于房子这一不动产上,将其转变为流动性资产有助于提高居民生活水平。

第二,住房反向抵押贷款的规格和要求基本一样。住房反向抵押贷款是"以房养老"为目标的一种崭新的住房金融产品,虽然各国规定适合年龄段不同,但均指的是一定年龄的老年人,而且这些老年人均有私有房产,均有提高生活质量的实际需要。

第三,政府的推动在住房反向抵押贷款的起步阶段有重要作用。在住房反向抵押贷款运作前期,如果有政府的介入,其相应的业务将会发展很迅速。在住房反向抵押贷款市场中,上述

各国的政府一直是支持的，有时还会介入。美国住房反向抵押贷款经历几十年的发展最为成熟，政府在市场运作中起到主导和推进作用，是这种金融产品得以健康发展的夯实力量。日本政府以直接和间接的方式参与到住房反向抵押贷款市场，并取得了良好的效果。英国和新加坡最早采取市场化运作模式，发展缓慢且惨遭失败，后因政府介入，情况好转，住房反向抵押贷款市场得以延续。澳大利亚的住房反向抵押贷款始终由政府主导，也取得了良好的社会效应。加拿大是由一家私营机构提供该产品，但由实力雄厚的金融机构和国家财务机构监管局参与，且法律、政策较为完善。故此，住房反向抵押贷款在加拿大国内很受青睐。法国住房反向抵押贷款是由民间组织发起的，但得到了政府的大力支持。

二、国际住房反向抵押贷款市场的差异

住房反向抵押贷款市场中有众多参与者，如贷款人、借款人、担保机构、贷款收购人、金融机构以及其他中介机构等，依据市场运行模式，参与者构成也不尽相同。

发达国家的住房反向抵押贷款市场运营中，产品、市场都由每个国家的国情来决定，所以发达国家住房反向抵押贷款市场存有差异，主要体现在借款条件、市场细分和偿还方式等方面。

第一，借款条件不同。美国住房反向抵押贷款市场中借款条件为年龄超过（含）62 岁的老年人，房屋可以是几个人共有的，由一个家庭居住，同时家中必须起码有一个人是将该房子作

为永久性住宅,但对于借款人的资金收入以及用处,并没有特别明确的限制。在这方面,加拿大和美国有一点不同:即房子一定要是借款人自己所持有的城镇房产、复式公寓或房屋、单栋房产中的一处,其余无效,没有资格。其他的借款条件都与美国一样,如年龄方面。而新加坡的要求更加严格,建屋局推出的住房反向抵押贷款要求借款人务必是新加坡常住的居民或者公民,年龄定位在 62 岁(含)以上,且家庭收入必须低于 3 000 新加坡元。

第二,细分市场不同。由于各国市场存在差异,因此住房反向抵押贷款产品细分也不同。例如 2008 年金融危机前的美国,依据借款人的房子价值,由低到高分为 HECM 计划、住房持有者贷款计划 Home Keeper 计划和财务独立计划即 Financial Freedom 计划三种住房反向抵押贷款产品。加拿大依据老年人对资金的需求不同来细分住房反向抵押贷款产品,包括:一种适用于老年人终身有望得到保障的终身年金,一种适用于需要资金的老年人依据授信程度获得贷款并由其信用额度可降低成本的产品,另外,适用于需要稳定资金来源的老年人的定期支取产品。新加坡商业机构推出的住房反向抵押贷款产品主要适用于拥有私人房产的老年人,而该国大部分房产属于公营的,因此此类产品在该国一直不受关注,进而政府根据实际情况推出了受众范围更广的住房反向抵押贷款产品。

第三,偿还方式不同。一般住房反向抵押贷款产品是老年人通过房屋产权转移来实现清偿贷款债务,不需要还款,即老年人去世后由贷款机构收回其居住的房屋产权作为偿还贷款。然而依据各国现实情况，一些国家也采取了其他偿还方式。例如，在美国，借款人可以将房屋变卖后将所得的现金来还清其欠下的房屋贷款的全部本息，若仍无法还清其贷款金额，那么贷款人无法得到未还款部分，这部分由贷款机构负责；若还款之后仍有多余金额，那么借款人或继承人可以拥有这部分金额。加拿大的偿还方式和美国基本相同，所不同是有时间限制，若借款人签订合同后三年内终止住房反向抵押贷款，则必须向贷款机构作出赔偿。

三、各发达国家发展住房反向抵押贷款的经验总结

第一，住房反向抵押贷款的产品需要多样化。多样化的产品，可以快速打开市场，满足细分市场的需求。为满足不同顾客的需求，产品需要依据顾客的贷款后用途、风险、年龄及房屋价值等因素进行创新。2008年金融危机前，美国流行的三种不同层次的住房反向抵押贷款产品中，私人订制的 Financial Freedom 计划适合房屋价值较高的业主；房子价值中等的业主则可以选择 Home Keeper；而 HECM 计划则是专门为房屋价值较低的业主设置的。加拿大也将住房反向抵押贷款分为三类，分别是住房反向抵押贷款年金、信用额度、定期贷款计划。他们分别适合不同的人群，第一种适合收入永久保障的顾客；第二种适合具体哪一天需要大量资金或者有长期投资需求的顾客；最后一种适合短时间贷款的顾客，贷款可用于旅游、短期资金周转

以及放贷。贷款规模随着住房反向抵押贷款不断的完善,不停地推出新产品而在不断地壮大。

第二,发展住房反向抵押贷款需要有政府的支持。英国因为种种原因以及政府的一直没有参与,人们在 2001 年 4 月之前对住房反向抵押贷款一直持疑惑的态度,政府认识到了这点,并推行了新的计划。而美国的住房反向抵押贷款由于有政府的一贯参与,所以推广得很顺利。由此可见,只有政府为住房反向抵押贷款的风险提供担保,才能有更大的可能性使其成功推行。反过来,从住房反向抵押贷款获得的附属福利可以用来缓和社会养老压力,为政府减轻负担。所以,住房反向抵押贷款并不是单纯的营利业务,它与政府的政策取向是吻合的。政府的支持力度对于住房反向抵押贷款运作成功与否起着决定性的作用。政府的支持也体现在了多个方面,例如:初期对于项目的引导、投资、发展国有的中介公司;出台相关法律法规并提供保险、担保;在一定程度上减免税收等。从国外政府支持住房反向抵押贷款的发展过程来看,住房反向抵押贷款市场的发展通常经历由初级到高级、由不完善到完善、由试点制到全国普及的过程。借鉴这一模式,结合中国国情先在金融和房地产市场发展较成熟的城市开展试点,等时机成熟再向全国推广,是相对稳妥的发展方式。

第三,发展住房反向抵押贷款需要强化市场监管和风险控制。影响住房反向抵押贷款的因素有很多,例如住房的寿命、利率、房价的变化等,而且影响利益权重衡量的标准也有很多。如果市场监督管理出现纰漏,不仅会影响到老年人的权益,也会影响到整个市场的发展与口碑。所以，政府的监管是住房反向抵押贷款运作成功与否的重要因素。比如美国，国家也可以为申请者提供免费的咨询，并出台相应的法律法规，成立官方或者半官方的机构以保障申请人的合法权益。而在加拿大，相应的工作人员必须通过考核，得到职业资格证后方可上岗。在英国，住房反向抵押贷款由财政事务局（FSA）负责监管，并出台了特定的监管条例，以保证申请人利益的不受侵害。

第四，发展住房反向抵押贷款需要鼓励私营机构积极参与。私营机构的介入，可以为住房反向抵押贷款的发展注入活力，有助于解决住房反向抵押贷款发展的资金约束问题，促进公平竞争，有助于开发新产品，有利于改进服务水平。2008 年金融危机前美国比较流行的 Financial Freedom 计划是一个很成功的案例，Financial Freedom 计划由私营公司开发，是政府推行的HECM 计划的有效补充，并且私营机构成功地将住房反向抵押贷款证券化，由证券替代现有的资金，通过融资解决了抵押贷款发展的资金短缺问题。

第五，发展住房反向抵押贷款需要政府主导与市场化运行相结合。发达国家住房反向抵押贷款运营的模式大体主要分为完全市场模式、完全政府模式以及两者的兼顾模式。美国的主要运营模式为两者兼顾模式，这种运作效果也明显优于日本、新加坡等发达国家。基于国际经验，住房反向抵押贷款市场的发展应采取政府主导与市场化运作相结合的运营模式，在实践中同时发挥政府与市场的作用。

四、小结

由于住房反向抵押贷款起源于国外,发展成熟也在国外,所以本章详细分析了国外尤其是美国住房反向抵押贷款的产品、市场和监管体系,总结了国外发展住房反向抵押贷款的经验。

美国的住房反向抵押贷款包括政府主导的 HECM 自营住房反向抵押贷款,其中自营住房反向抵押贷款是由私营部门负责管理,住房反向抵押贷款一、二级市场都已经发展完善,监督管理体系由联邦监管和州政府层面的监管组成,政府和私营部门相互合作取得了很好的效果。

本章还分析了加拿大、英国、日本、新加坡、法国、澳大利亚的住房反向抵押贷款的养老模式。

各国住房反向抵押贷款的相同之处有:第一,住房反向抵押贷款产生的原因几乎一样。第二,住房反向抵押贷款的规格和要求基本一样。第三,政府的推动在住房反向抵押贷款的起步阶段具有重要作用。不同之处有:第一,借款条件不同。第二,细分市场不同。第三,偿还方式不同。

本章总结了发达国家发展住房反向抵押贷款的经验:第一,住房反向抵押贷款的产品需要多样化。第二,发展住房反向抵押贷款需要有政府的支持。第三,发展住房反向抵押贷款需要强化市场监管和风险控制。第四,发展住房反向抵押贷款需要鼓励私营机构积极参与。第五,发展住房反向抵押贷款需要政府主导与市场化运行相结合。

第三部分

3

中国式"以房养老"

第七章　中国开展住房反向抵押贷款的背景

一、中国人口老龄化对"老有所养"带来挑战

（一）逐步成为常态的人口老龄化趋势

近年来,中国老年人口增速加快,老年人口抚养比加速上升,人口结构老龄化迅速。

人口老龄化主要指年轻人的数量越来越少,其占人群的比例越来越低,但是老年人的数量却越来越多,且比重逐年上升。国际上判断人口老龄化的规则是:60 周岁以上老年人口在该国家或相应地区的比重高于 10%,或 65 周岁以上老年人比重达到 7%。若出现这两种现象中的一种,那么就可以说这个国家或地区已经进入老龄化社会。2000 年,中国60 周岁以上老年人口为 1.32 亿,老年人口比重为 10.31%,2001 年中国 65 周岁以上老年人口为 9 062 万人,占全国人口比重为 7.1%。所以,21 世纪初,中国就进入了老龄化社会。日、英、美、瑞士四国从成年型社会进入老龄化社会分别用了 25 年、45 年、60 年、85 年。而中国却在短短 18 年内

进入人口老龄化社会。[1]

表7-1 联合国提出的人口年龄结构类型划分标准

指 标	比重(%)			老少比 (%)	年龄 中位数 (岁)
	0~14 周岁人口	60 周岁及 以上人口	65 周岁及 以上人口		
年轻型	≥40	≤5	≤4	≤15	≤20
成年型	30~40	5~10	4~7	15~30	20~30
老年型	≤30	≥10	≥7	≥30	≥30

数据来源：United Nations，Department of Economic and Social Affairs

21世纪初前十年,虽然中国已步入人口老龄化国家的行列,但因为青壮年的人口数量仍然庞大,全国人口老龄化的进程并不是很快。这期间老年人口比重平均每年约上升0.1个百分点。第六次全国人口普查的数据显示,2010年,全国60周岁及以上老年人口为1.78亿,占总人口的比重为13.26%,其中65周岁及以上老年人口11 883万人,占总人口比重的8.9%,[2]人口老龄化的程度低于经济合作与发展组织(OECD)的平均水平,人口老龄化问题尚不突出。2011年之后,中国开始进入人口快速老龄化阶段,到了2014年,中国60周岁以上老年人口为2.12亿,老年人口比重为15.5%,65周岁以上年龄段人口比例达到

---

[1] 郭慧靓,丁梦茹,张翔.社会主义现代化建设过程中的养老服务新设想[J].青年与社会,2013(2)：179-180.

[2] 中华人民共和国国家统计局：2010年第六次全国人口普查数据,2011年。

了 13 755 万人,占比上升到 10.1%。① 图 7 - 1 显示了 2001～2014 年中国 65 周岁及以上人口数量和比重。

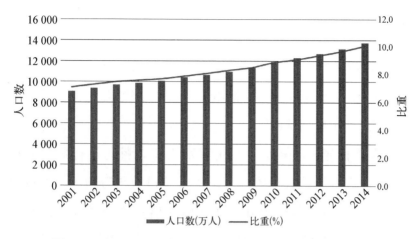

图 7 - 1　2001～2014 年中国 65 周岁及以上人口数量和比重
数据来源:国家统计局

　　中国社会科学院曾经深入研究过中国人口老龄化速度过快这一问题,并且预测自 2011 年起,往后 30 年内,中国人口老龄化的速度只快不慢,平均每年增加老年人口的比例约为 17%;进入 2040 年后,老年人将会占据国家人口的 28%,从而全面步入老龄化社会。② OECD 预测进入 2030 年后,日本将不再是世界人口老龄化第一的国家,取而代之的是中国。联合国曾在 2012 年提出相关预测,中国会在 2050 年进入深度老龄化阶段,到那

---

①　中华人民共和国国家统计局:《中华人民共和国 2014 年国民经济和社会发展统计公报》,2015 年。

②　蔡玉梅.人口红利或成最后晚餐[J].大经贸,2010(9):64 - 65.

时 60 周岁以上老年人将会占据中国总人口的 32.8%。[①] 中国老龄委预测中国老年人口将会在 2020 年增长到近 2.5 亿,而在这 30 年后的 2050 年超过 4 亿,社会老龄化水平超过 30%。[②] 因此,根据各方的预测,在整个 21 世纪前 50 年,中国人口老龄化速度很难减缓,将会一直保持着较高的增长速度。虽然中国步入老龄化社会的时间较晚,但由于增速非常快,最终中国的老龄化会在不久的将来超过日本。

人口抚养比同样是一个可以对人口老龄化进行衡量的指标,它代表的是总人口中非劳动年龄人口数与劳动年龄人口数的比值。人口抚养比十分全面地体现出一个国家或地区在经济与社会发展中需要承担的人口负担。人口抚养比中不仅有老年抚养比,同时还有少儿抚养比。老年抚养比指 65 周岁及以上人口与 15~64 周岁人口的比率,而少儿抚养比指 0~14 周岁人口与 15~64 周岁人口的比率。由人口抚养比而引出的"人口红利"(Population Division)或"人口机会窗口"(Population Opportunity Window)的概念最先出现在 1997 年世界银行发布的《世界发展报告》中。该理论认为人口结构会出现对称陀螺的形状,中间部分较大,而两头较小,这种结构十分有利于经济的发展。因为两头比重小预示着 65 周岁以上老年人口和 14 周岁以下青少年人口所占比重较小,而位于人口结构中间的成年劳

---

① 王开宇.老龄群体:中国金融市场的下一个金矿[J].经典商学院,2015(5).
② 王秋梅,田新平,沈悌.美国全面的老年人服务项目模式[J].中国老年学杂志,2010,30(4):567-569.

动力人口(15～64周岁)比重大,这样社会负担低,而劳动力却很充足。

如表7－2所示,联合国经济及社会理事会2015年发布的报告显示,世界上发达地区2015年的老年抚养比为26.7%。报告预测,发达地区的老年抚养比将加速上升,到2050年将达到45.8%。欠发达地区(不包括中国)2015年老年抚养比为8.5%,到2050年抚养比将上升到18.4%。中国2015年的老年人口抚养比为13.0%,到2050年将达到46.7%,增长速度远高于美国等发达国家,也远高于中国目前所处的中等偏上收入国家的平均增速。

表7－2　世界老年人口抚养比(65周岁及以上的老年人口/15～64周岁的劳动适龄人口规模)

年　份	1980	1985	1990	1995	2000	2005	2010	2015
全球	9.9%	9.7%	10.0%	10.5%	10.9%	11.3%	11.6%	12.6%
发达地区	17.8%	17.4%	18.7%	20.3%	21.2%	22.6%	23.8%	26.7%
欠发达地区(不包括中国)	6.7%	6.7%	6.9%	7.1%	7.5%	7.8%	8.0%	8.5%
高收入国家	16.8%	16.5%	17.6%	19.0%	19.7%	20.8%	21.9%	24.5%
中等偏上收入国家	7.7%	7.8%	8.0%	8.7%	9.4%	10.0%	10.7%	12.2%
中国内地	7.6%	7.9%	8.1%	8.8%	9.7%	10.3%	11.1%	13.0%
中国香港	8.5%	11.0%	12.5%	13.6%	15.3%	16.5%	17.2%	20.6%
日本	13.4%	15.0%	17.1%	20.7%	25.2%	29.9%	36.0%	43.3%
韩国	6.2%	6.6%	7.2%	8.3%	10.2%	12.7%	15.3%	18.0%

续　表

年　份	1980	1985	1990	1995	2000	2005	2010	2015
印度	6.4%	6.5%	6.6%	6.9%	7.2%	7.7%	8.0%	8.6%
新加坡	6.9%	7.5%	7.7%	8.9%	10.3%	11.3%	12.2%	16.1%
美国	17.2%	18.1%	19.0%	19.2%	18.5%	18.3%	19.4%	22.3%

年　份	2020	2025	2030	2035	2040	2045	2050	2055
全球	14.3%	16.1%	18.1%	20.3%	22.3%	23.8%	25.6%	27.9%
发达地区	30.2%	33.9%	37.7%	40.2%	42.5%	44.0%	45.8%	47.4%
欠发达地区（不包括中国）	9.4%	10.7%	12.0%	13.4%	14.9%	16.5%	18.4%	20.3%
高收入国家	27.7%	31.2%	35.0%	37.8%	40.3%	42.2%	44.2%	45.9%
中等偏上收入国家	15.2%	18.0%	21.7%	26.7%	31.4%	34.4%	37.9%	43.7%
中国内地	17.1%	20.4%	25.3%	32.7%	39.6%	43.0%	46.7%	55.9%
中国香港	26.5%	35.1%	43.7%	50.1%	55.6%	60.3%	64.6%	66.9%
日本	48.3%	50.6%	53.1%	57.0%	63.8%	68.1%	70.9%	72.6%
韩国	22.2%	29.4%	37.6%	46.1%	54.4%	60.7%	65.8%	68.4%
印度	9.8%	11.1%	12.5%	14.0%	15.8%	17.8%	20.5%	23.4%
新加坡	21.3%	28.6%	36.5%	43.7%	51.1%	57.2%	61.6%	64.5%
美国	25.8%	30.0%	33.8%	35.3%	36.2%	36.0%	36.9%	37.8%

数据来源：United Nations，Department of Economic and Social Affairs，Population Division（2015）. World Population Prospects：The 2015 Revision，DVD Edition.

因此，从老年人口占比和老年人口抚养比的变化趋势来看，中国的人口老龄化趋势已经成为常态。

(二) 中国人口"未富先老",老年人口面临巨大养老压力

"先富后老"是在发达国家出现的人口现象。"富"代表国家逐步进入现代化,经济逐渐发达起来;"老"代表人口结构老龄化。大部分国家在进入老龄化之前已经积累了良好的经济基础,有充分的资金来应对养老问题。而中国面临严峻的考验,因为中国属于"未富先老"。2001年,中国老龄人口比例约占7%,开始过渡到老龄化社会,然而当年人均国内生产总值(GDP)只有一千美元左右,约为美国和日本人均GDP的3%,约为英国、德国人均GDP的4%。当前中国还没有足够的经济实力建设老龄化社会所需的社会保障和服务体系。按照联合国制定的相关标准以及2010年的全国人口普查信息,2010年中国已经完全成为人口老龄化的社会。当年,中国虽然人均GDP超过4 000美元,但与大多数发达国家相比仍有很大差距,未富先老的现象凸显,中国政府面临的经济负担依然严峻。

在"未富先老"的情况下,中国老年人的收入较低、来源不稳定,老年人面临巨大的养老压力。如表7-3所示,2010年国家实施第六次全国人口普查,普查数据显示老年人的生活来源不稳定。中国60周岁及以上老年群体的生活来源大致依靠家庭亲属供养、劳动收入和离退休金养老金三方面。上述三项生活来源占比分别约为40%、30%、20%,共计占总体生活来源的90%以上。

表 7 - 3　2000 年和 2010 年中国 60 周岁以上
老年人主要收入来源情况　　（单位：%）

主要生活来源	2000 年			2010 年		
	全体	男	女	合计	男	女
总计	100.00	100.00	100.00	100.00	100.00	100.00
劳动收入	29.07	36.59	21.92	32.99	42.74	23.72
离退休金养老金	24.12	28.89	19.58	19.61	26.66	12.92
失业保险金	/	/	/	0.03	0.04	0.03
最低生活保障金	3.89	4.11	3.69	1.59	1.54	1.64
财产性收入	0.37	0.41	0.33	0.18	0.19	0.18
家庭其他成员供养	40.72	28.24	52.58	43.83	27.02	59.81
其他收入	1.83	1.76	1.90	1.76	1.82	1.70

数据来源：国家统计局 2000 年第五次全国人口普查数据和 2010 年第六次全
国人口普查数据

中国人民大学杜鹏（2014）将老年人收入来源中的失业保险
金、财产性收入和其他归为一类，最终划分为劳动收入、离退休
金养老金、家庭供养、最低生活保障和其他五大类。男性和女性
的主要收入来源差距也较大。表 7 - 4 显示，男性在 69 周岁以
前的收入主要依据劳动所得，但是女性从 62 周岁开始主要依靠
家人的资金帮助。约六成 85 周岁及以上的高龄老年人主要以
家庭供养为主要收入来源，而同年龄段的女性依赖程度更高，近
八成依靠家庭供养。

表 7-4 2010 年中国 60 周岁及以上老年人
分年龄段主要收入来源情况 （单位：%）

主要生活来源	60～64 周岁	65～69 周岁	70～74 周岁	75～79 周岁	80～84 周岁	85 周岁及以上
合计	100	100	100	100	100	100
劳动收入	48.11	34.64	18.12	10.11	3.97	1.5
离退休金养老金	23.3	24.57	26.56	25.09	22.26	17.33
家庭其他成员供养	24.29	35.08	48.21	57.05	65.52	71.44
其他	4.30	5.71	7.11	7.75	8.25	9.73

数据来源：国家统计局 2010 年第六次全国人口普查数据

高龄老年人与低龄老年人在生活来源方面的差距比较明显。低龄老年人的主要生活来源是自己的劳动收入以及退休金，而高龄老年人主要依靠子女亲戚的供养，他们没有劳动收入。随着老年人年龄不断增长，他们的主要生活来源就变成子女亲戚的供养。在 60～64 周岁这一年龄段，只有 24% 的老年人以家庭供养为主要生活来源，但是 75 周岁以及 85 周岁及以上的老年人大多以家庭供养为主。这是因为老年人年龄越高，就越难获得劳动收入，因此积蓄和退休金占收入比例越来越小。

如表 7-5 所示，在中国城市地区，以个人劳动收入、退休金、子女赡养以及其他收入四项为主要生活来源的老年人依次占老年总人口比例的 6.61%、66.3%、22.43 和 4.66%。在农村地区，相应的比例分别为 41.18%、4.6%、47.7% 和 6.48%。城市老年人和乡镇老年人的主要生活来源有较大的差别。

表 7-5　2000 年和 2010 年中国城乡
老年人主要生活来源情况　　（单位：%）

主要生活来源	2000 年				2010 年			
	全国	城市	乡镇	农村	全国	城市	乡镇	农村
合计	100	100	100	100	100	100	100	100
劳动收入	29.07	6.61	22.27	41.18	32.99	10.10	19.72	43.15
离退休金养老金	24.12	66.30	26.29	4.60	19.61	58.05	29.08	4.76
家庭其他成员供养	40.72	22.43	44.52	47.74	43.83	27.88	46.10	48.92
其他	6.09	4.66	6.92	6.48	3.57	3.97	5.10	3.17

数据来源：国家统计局 2000 年第五次全国人口普查数据和 2010 年第六次全国人口普查数据

在城市中，老年人的主要生活来源有退休金、子女赡养以及个人劳动收入。前者随着老年人年龄增长，作为主要收入的比重越来越低，后两项收入所占的比例不断上升。

农村地区老年人的主要收入来源是个人劳动所得以及家庭供养，他们没有固定的退休金。其中家庭供养以及个人劳动收入这两项所占比例与城市老年人相同。但尤其需要政府重视的是农村女性老年群体。因为 65 周岁以后的农村女性老年群体相比城乡男性和城市女性老年群体，经济自给自足能力严重不足。享受退休金的农村女性老年人群体比例比以最低生活保障金为主要生活来源的农村女性老年人群体比例少得多。

老年人尤其是农村地区老年人，在一定程度上受自身健康水平影响，在 60 到 69 周岁这一年龄段，主要生活来源发生重要转变。但是在 75 周岁之后，老年人的主要生活来源一般不会发生十分明显的变化。其中，女性老年人更依赖于家庭成员供养。

因为女性往往比男性寿命长,且经济上更多依赖配偶,一旦丧偶很容易面临经济和生活的窘境。

2010 年中国老龄科学研究中心展开一系列跟踪调查,他们主要研究了中国老年人的收入结构差异。研究结果显示,城市里的老年人平均每年收入将近 2 万元,有养老金的老年人平均每月固定收入有 1 500 元。社会养老保障收入、劳动收入、公共转移收入、家庭转移收入、其他收入这五项主要收入来源占总收入比重分别约为:87%、7%、2%、3%、1%。在农村地区,老年人平均年收入约为 0.48 万元,五项收入来源占总收入比重分别约为:18%、32%、17%、13%、20%。[①] 上述数据可以表明,中国的社会保障体系还不足以完全支撑老年人的收入,在农村地区社会保障更为欠缺。

(三) 中国现阶段养老模式难以支撑真正的"老有所养"

中国现有的养老模式现状及未来可预见的发展水平,都难以支撑老年人真正实现"老有所养"的中国梦。

1. 基本社会养老保险"一柱难撑"

中国社会保障体系将受益范围广、可持续性高以及保障基本需求等几个基本要求作为建设基础。这样的保障原则既减轻国家财政负担,又可调动各方资源在总体上提升社会保障水平,最终实现"可持续"的要求。社会保险基本的原则、原理和运行规则应该跟商业保险制度是一样的,或者说,社会保险制

①　姜向群,郑研辉.中国老年人的主要生活来源及其经济保障问题分析[J].人口学刊,2013(2):42-48.

度尽量强调它的自我平衡，这是建立社会保险制度的一个原则。目前，一方面，中国财政补贴逐年增长；另一方面，社会保险基金余额一年比一年大，落后的投资体制导致的贬值风险逐渐增大，高通货膨胀率造成基金巨大损失。在过去的十几年里，国家对基本养老保险补贴了上万亿元。这种重补贴轻投资的观念是需要转变的。否则，将养老金的责任推在全国纳税人的身上不符合公平正义原则，且如若保险制度不能发挥自我财务平衡的功能，就会变成无底洞和财政的包袱，拖累了财政。

第一，中国老年人养老保险基金面临巨大缺口。中国的养老保险基金在涉及资金方面的机制漏洞较多：一是没有充分做好未雨绸缪的工作，资金透支过多，建设老年人社会保障体系的资金不足；二是养老双轨制导致体制内外的老年人在社会保障上享受不公平待遇。这两大病症一方面导致养老保障所需资金严重不足，并有可能引发严重的社会不满。若是与 GDP 总量相比，中国当前的养老金储备规模与国际水平相差甚远。2014 年中国 GDP 为 63.59 万亿人民币，但是养老金储备只有 3.87 万亿元人民币，不足 GDP 总量的 7%。[①] 而在美国，社会养老资金总和远高于国家当年 GDP 总量。[②] 2014 年，美国的养老金储备达到 25 万亿美元，当年美国的 GDP 是 17 万亿美元左右，沉淀的

① 国家统计局：《2014 年国民经济和社会发展统计公报》。
② 郑秉文：《中国养老金发展报告 2012 年》，经济管理出版社 2013 年版，第 63 页。

养老金相当于 GDP 的 150%。① 中国城乡基本养老保险金支出速度快于平均水平,各地普遍存在养老赤字的问题,在发达地区也是如此。

2012 年,中国人寿养老保险股份有限公司测算了中国养老保险资金的缺口。② 由表 7-6 可以看出,中国三种养老保险制度资金与最低生活水平线相比的缺口达到了 2 757.04 亿元,与 70% 替代率的缺口达到了 27 807 亿元。③

表 7-6　中国养老保险制度资金缺口状况

制　　度	参保人数(万)	退休人数(万)	领取水平(万)	与最低生活水平线的缺口(亿元)	达到70%替代率的缺口(亿元)
基本养老保险	28 391	6 826	1 511	0	9 970
城镇居民养老保险	539	263	55	140.44	512
新农保	32 600	8 900	55	2 616.6	17 325
合计	61 530	15 989	/	2 757.04	2 7807

资料来源:《2011 年度人力资源和社会保障事业发展统计公报》《人力资源社会保障部发布 2011 年全国社会保险情况》、民政部《2011 年社会服务发展统计公报》;根据国家统计局人口和就业统计司负责人解读 2012 年平均工资数据,全国城镇非私营单位就业人员年平均工资 46 769 元;全国城镇私营单位就业人员年平均工资 28 752 元;最低生活水平城市居民每月工资按 500 元计算,农村居民工资每月按照 300 元计算。

---

① 董克用:现阶段面临老龄化挑战和养老金储备不足,和讯网,2016 年 1 月 31 日,http://stock.hexun.com/2016-01-31/182110781.html.
② 本书作者在中国人寿养老保险股份有限公司工作时主持了此项测算研究。
③ 人力资源和社会保障部:《2011 年度人力资源和社会保障事业发展统计公报》,中央人民政府网站,2012 年 6 月 27 日,http://www.gov.cn/gzdt/2012-06/27/content_2171250.htm.

第二,医疗保险基金也面临资金不足的挑战。表7－7显示,城镇职工基本医疗保险、城镇居民基本医疗保险、新型农村合作医疗资金严重不足。[①]在人口老龄化、高龄化的趋势之下,医疗费用支出更令人担忧。老年人经常会因为大病而致贫。

表7－7　中国医疗保险制度资金缺口状况

类　别	60周岁以上人员的人均医疗费用(元)	报销比例	报销剩余(元)	资金缺口(亿元)
城镇职工基本医疗保险	3 502	57.5％	1 488	3 754
城镇居民基本医疗保险	3 502	55％	1 575	3 485
类　别	60周岁以上人员的人均医疗费用(元)	人均统筹水平(元)	报销剩余(元)	资金缺口(亿元)
新型农村合作医疗	3 502	113	3 389	28 230
合计	—	—	—	35 469

资料来源:《2011年度人力资源和社会保障事业发展统计公报》、《人力资源社会保障部发布2011年全国社会保险情况》

第三,失能失独人员额外支出面临资金不足。在人口老龄化问题越来越严重的同时,失能老年人数量也在持续增加。根据2015年民政部的统计预测,截至2014年年底,中国约有将近

---

① 人力资源和社会保障部:《2011年度人力资源和社会保障事业发展统计公报》,中央人民政府网站,2012年6月27日,http://www.gov.cn/gzdt/2012-06/27/content_2171250.htm。

4 000 万失能老年人。[①] 2013 年,据中国老龄办统计,2012 年中国至少有 100 万个失独家庭,且每年以约 7.6 万个的数量不断增加。[②] 失能失独人员的存在对社会保障体系产生冲击,造成额外的支出,如若资金不够充裕也必然引起资金缺口。2010 年的数据显示,中国失能失独人员额外支出资金缺口已经达到 3 849 亿元(见表 7 - 9)。

表 7 - 8 测算 2010～2050 年中国 40 周岁以上各年龄组总体失能(做家务中度以上困难)例数(万)

年龄	2010	2015	2020	2025	2030	2035	2040	2045	2050
40～	687	959	837	756	864	882	772	697	670
50～	883	1 415	1 729	1 845	1 588	1 459	1 678	1 713	1 501
60～	1 146	2 034	2 297	2 564	3 102	3 316	2 907	2 694	3 116
70～	1 263	1 871	2 278	3 088	3 440	3 931	4 889	5 248	4 620
80+	928	1 553	1 827	2 099	2 620	3 603	4 199	5 181	6 486

资料来源:中国卫生统计 2012 年 2 月第 29 卷第 1 期《中国老年人口失能流行趋势的分析与建议》

表 7 - 9 中国失能失独人员额外支出资金缺口

类 别		男 性	女 性	资金缺口(亿元)
2010 年	独自居住	6 037	5 972	2 014
	夫妻同住	5 501	5 410	1 835

资料来源:徐丽萍,王小林,尚晓援,等. 中国老年人失能相对成本估计[J]. 中国人口科学,2011(2).

---

① 李红梅:《全国 60 岁以上人口超 2.12 亿,失能老年人近 4 000 万》,人民日报,2016 年 1 月 29 日。

② 张参军:失独家庭:疼痛谁人帮抚平[J].中国社会保障,2012(12).

中国目前的社会基本养老保险也仅能为退休居民提供基本的经济保障,即养老金的替代率(退休后的养老金收入/退休前的收入)一直较低,很难使老年人的收入达到满足较舒适生活目标的需要。不同年龄段、不同地区、不同阶层老年人养老金收入的差距较大,形成较大的收入不平等状况。

总体而言,面对发展迅速、规模巨大的老龄人口的挑战,中国社会养老保障体系暴露出明显不足,"未富先老"使得基本养老保险"独木难支",正面临着收支缺口持续增大的挑战,政府财政压力和管理压力越来越大,社会保障基金甚至可能出现难以满足庞大养老金支付缺口的问题,保而不包的社保远不能解决现代人面临的养老和医疗压力。个人将承担越来越大的养老责任和压力,严峻的养老、医疗、失能和失独风险,相互影响,叠加和扩散效应集聚风险,直接威胁社会保障水平。严峻的现实迫切需要其他的应对措施,尤其是市场化的创新解决机制,一方面拓展养老金渠道,另一方面缓解老年人收入不平等的问题。

2. 传统家庭养老因方式快速转变以及家庭资源减少对老年人造成不利影响

中国传统文化认为家庭养老是指由家庭的子女来完全承担老年人的养老责任,子代对于父代的代际间经济转移,是以家庭为载体而自然实现的保障过程。此种一环紧扣一环的反馈模式需要建立在一定基础之上,即只有父母养育子女,子女在日后父母年迈时才有义务承担起赡养责任。在儒家思想影响下,中国从古至今形成了家庭养老的传统模式,"百善孝为先"等价值观根深蒂固地根植于老百姓的意识形态中。费孝通(1998)指出在该方式普遍存在于中国的家庭关系中,此种"反哺模式"体现了中国传统伦理文化中子代与父代代际间经济均衡互惠的原则,这也使得子代与父代在经济关系上形成了家庭的共同体。

在家庭养老的模式下,家庭供养老年人的生活费用是老年人过去必要劳动的一部分,这种应得劳动报酬的延期支付是以个人或子女供养的养老费用形式出现,是他们过去必要劳动的延期享用。所以,子女赡养老年人从经济学的角度来解释,就是子女对父母过去为自己支付的抚养教育费用的一种补偿,实际上就是老年人跨期享受自己过去必要劳动所创造的社会产品。

中国自 20 世纪 80 年代实行计划生育以来,由于政治、经济、文化等各方面原因,家庭结构由原来的复合家庭逐渐演变为核心家庭,①独生子女家庭数量不断增长,未来要面临独生子女夫妻承担四位甚至更多老年人养老的严峻事实。

根据中国实行计划生育政策的时间发展来看,2010 年左右中国进入了独生子女父母步入老龄化的时代,在这个时间点,恰好又赶上不少省份放开"单独"二胎的生育政策,符合独生子女条件的成年子女可以多生育一个孩子。2016 年开始,中国政府全面推进二胎政策,这就造成了家庭养老的尴尬:独生子女婚后除了照顾两个家庭的老年人,还要养育多个孩子,面临严重的经济压力和负担。

---

① 复合家庭指由诸同胞兄弟及其配偶、子女构成的家庭;核心家庭指两代人组成的家庭。

表7－10 显示了 2010 年第六次全国人口普查部分市家庭平均人口数。以上海市为例,1980 年上海市平均每家每户约有 4 口人,到 2010 年下降到约 3 人;与此同时平均每户就业人口也从 2.4 人逐渐下降到 1.6 人;平均每一个就业者负担的人口数从 1.7 人上升到 1.8 人。

表 7－10　2010 年第六次全国人口普查部分市家庭平均人口数

项　　目	平均每户家庭人口	平均每户就业人口	平均一就业者负担人数	平均每人年实际收入	人均实际年可支配收入	人均消费年支出
	（人）	（人）	（人）	（元）	（元）	（元）
北京市	2.7	1.4	2	18 326.2	16 236.3	10 606.3
天津市	2.8	1.5	1.9	14 423	12 860.6	8 780.2
石家庄市	2.7	1.3	2.1	10 878.1	10 052.8	5 812.7
太原市	2.6	1	2.5	10 611.3	9 641.9	6 008.2
呼和浩特市	2.6	1.4	1.9	14 023.3	13 111.1	9 121.5
沈阳市	2.7	1.3	2.1	12 839.3	11 467.4	8 182.7
大连市	2.8	1.4	2	14 284.2	12 211.9	9 163.4
长春市	2.9	1.5	2	10 765.4	10 044	7 685.6
哈尔滨市	2.6	1.3	2.1	10 552.1	9 563.8	7 351.1
上海市	2.9	1.6	1.8	20 520.1	18 381.9	12 210.3
南京市	2.7	1.4	1.9	18 795.9	16 963.4	10 204.8
杭州市	2.7	1.3	2.1	20 671.2	18 693.6	11 581.5
宁波市	2.6	1.4	1.9	20 880.3	18 591.7	10 731
合肥市	2.8	1.6	1.7	12 851.4	11 696.7	8 199.1
福州市	3.1	1.6	1.9	15 104.8	13 720.6	8 638.4
厦门市	3.1	1.6	2	18 864.3	16 947.4	11 151.7

数据来源：国家统计局 2010 年第六次全国人口普查数据

在多子女情况下,子代可以通过子代的数量来平摊父代的赡养成本,这样,对于每一个子女而言,赡养的成本较小,并且赡养的负担较轻。然而家庭规模缩小直接导致的子女数量减少,使得父代不能够从子女的数量上来获得更多的赡养收益。从当前最普遍的独生子女家庭状态来看,一个子女供养两个老年人的压力必然大于多个子女供养两个老年人的压力,假定老年人从退休开始在整个期望寿命内所需要的赡养费用是一定的,那么一个孩子供养一个老年人的费用压力一定是大于两个孩子供养老年人的费用压力的。子代数量的减少导致父代在年老时获得养老费用的渠道减少,这种家庭内部转移支付渠道的减少使得"养儿防老"的家庭养老形势越来越严峻。

国家卫计委 2015 年统计数据表明,中国家庭规模呈小型化趋势,2~3 人的家庭成为中国家庭类型的主体。全国平均家庭规模约为 3.4 人,其中农村家庭约 3.6 人,城镇家庭约 3.1 人。20% 以上的中国家庭有 65 周岁以上的老年人,超过 8 800 万户。[①] 家庭规模较小会加剧养老经济的压力,并且这种压力会随着时间的推移而逐渐变大。留守家庭、老年人独居家庭等养老难题越来越严重。对于绝大多数收入普通并同时背负养老育子压力的家庭,迫切需要来自外部的养老支持,新的养老模式迫在眉睫。

---

① 国家卫生计生委:《中国家庭发展报告(2015 年)》,2015 年 5 月。

二、开展住房反向抵押贷款对解决"老有所养"面临的挑战具有积极意义

第一，中国现行的社会保障体系中，家庭、社会养老都有沉重的经济负担，而住房反向抵押贷款模式引入市场机制，以房产撬动养老资源，可以有力缓解政府和养老保险基金的经济压力。

第二，该模式可以对社会经济结构起到良好的战略调整作用。该模式首先起到的积极作用就是有助于房地产"去库存"。2015年开始，房地产"去库存"受到前所未有的关注和热议。[①] 至2014年年末，中国居民存款总额突破50万亿元，60周岁以上的老年人存款约占其中四成。[②] 总体而言，尽管老年人的劳动收入失去或迅速减少，但储蓄、养老保险金及房产占收入来源比重却很可观。许多老年人希望能用积蓄购置新房安度晚年，但考虑到自身收入来源减少，而购房需要消耗过多积蓄，会带来较大养老风险，因此，很多老年人不敢购房，而是选择一直住在环境较差的房屋里。住房反向抵押贷款可增加老年人的可

---

① 根据国家统计局数据，全国商品房待售面积多达71 853万平方米，如果算上全国各地的小产权房，以及一些没有纳入统计口径的待售房屋，中国住房过剩的状况可能会更加严重。按照中国人均住房面积35平方米计算，"待售"的住房可供2亿人口居住。解决房地产去库存问题，事关未来一段时期内中国经济社会发展大局，已经刻不容缓。2015年11月的中央财经领导小组工作会议要求："要化解房地产库存，促进房地产业持续发展"，会议将房地产去库存列为2016年经济社会发展要解决的五大任务之一。

② 中华人民共和国国家统计局：《中华人民共和国2014年国民经济和社会发展统计公报》，2015年。

支配资金,实现购房和养老的双重功能,增加了老年人购置新房的可操作性,使得老年人晚年能尽情地享受幸福生活。该模式既解决了一部分老年人的养老问题,同时也可以成为社会闲置资金比较安全、稳定的资产保值增值通道。与此同时,贷款机构在获得老年人房产的所有权后,又可以将大量房产(主要是中低档次住房)售给中低收入家庭,从而起到提升供给、平抑房价、去房地产库存的作用。此外,该模式还可以刺激居民将养老资金用于消费,起到刺激内需增长,促进经济健康发展的作用。

第三,该模式在缓解个人养老压力的同时,也为金融机构拓宽了投资渠道。老年人参与住房反向抵押贷款可以盘活老年人的固定财产,增加养老金,有助于老年人实现自我养老,提高贫困老年人的生活质量,减轻社会保障压力。贷款机构通过该业务既拓宽了投资渠道,又减轻了自身负债带来的资金链风险。对于参与住房反向抵押贷款的保险公司来说,投保人缴纳保险费形成的大量保险基金,由于缴纳与给付之间存在较长的时间差,保险公司负有使住房反向抵押贷款基金保值增值的责任,而该业务为保险公司开辟了新的投资渠道。

三、中国开展住房反向抵押贷款具有一定可行性

(一) 国外发展住房反向抵押贷款已经积累了一定的经验

住房反向抵押贷款产品的雏形早在四百多年前的欧洲就以地区化与个人化的方式出现过。现代的住房反向抵押贷款产品最初是在美国联邦政府的支持下在 20 世纪 80 年代发行的。随

后,欧洲多个国家、澳大利亚、新加坡、加拿大、日本等国家也先后尝试发展这种融资模式。住房反向抵押贷款具有极大发展趋势,它可以将保险公司在地产、保险和金融三个市场的优势充分结合,使老年人的房产同时发挥居住、养老保险和投资的三重功能,有力支持了养老体系的完善。

世界上一些国家已将住房反向抵押贷款作为可靠保险方式。房主以房产为抵押获得现金,老年人工作一生所积累的房产权益,通过保险等金融机构变现,能够为其晚年生活增加稳定可靠的现金收入,从而发挥保险公司在养老保障方面的功能。这一产品的出现对完善各国养老保障制度,推动保险业和房地产业发展都有重大意义。

国外发展住房反向抵押贷款的经验对中国开展住房反向抵押贷款有较好的借鉴意义。

(二) 中国住房反向抵押贷款已经开始起步

中国国内正在积极探索住房反向抵押贷款的模式。国家统计局 2011 年的调查显示,中国 89% 的家庭拥有自己的住房,其中 40% 是通过市场购买的,[①]这就为住房反向抵押贷款市场提供了巨大发展空间。

从潜在需求和现实条件来看,开展住房反向抵押贷款是非常值得探索的模式,理由主要包括:一是随着中国资本市场和房地产市场的发展,居民越来越能接受新型的理财及养老观念;

---

① 唐敏,关桂峰. 住房枷锁会解开吗[J]. 瞭望,2011(11).

二是中国金融工具不断完善,金融市场抗风险能力不断加强;三是老年人大多持有房产但现金收入相对不足,这一事实决定了"以房养老"模式可能存在巨大需求;四是随着中国城市化进程的加快,"空巢"老年人比例会逐步增加。

2003 年开始,住房反向抵押贷款在中国已经开始起步。当年,原国家房改课题组组长孟晓苏首次建议提出老年人可通过个人房产抵押方式,获得年金领取权益。

2004 年年末,中国保监会在北京、上海、广州等国际大都市,首次向老年客户展开以房养老模式新试点。

2006~2007 年两会时期,有人曾提议实施以房养老模式。赖明曾作为当年建设部科技司领导,提出以各大城市展开该模式试点,若试点顺利运营,则可在全国落实该养老新模式。

2011 年 9 月 28 日,"以房养老"在政协组织的养老事业提案会议上再次受到外界关注,却最终因为没有相应的法律保障而流产。

2013 年,国家发改委及民政部共同召开发布会,表明中国将在各个城市开展老年人以房养老试点,促进以房养老及金融养老稳步落实。会后,保监会牵头在 2014 年年初出台具体措施和政策。

2014 年 6 月 23 日,根据保监会新出台文件《中国保监会关于开展老年人住房反向抵押养老保险试点的指导意见》规划,中国部分省会城市将在接下来两年中开展以房养老试点。

随着舆论的关注、政策的出台,住房反向抵押贷款在中国已经处于起步阶段，这为住房反向抵押贷款在中国的进一步发展奠定了基础。

四、国内学界对"以房养老"的观点

胡江涛、曾祥瑞(1997)作为较早在国内提到并进行住房反向抵押贷款的研究者，不仅对美国这一领域发展历史作了详细阐述，同时也对其产品内容及相关风险等问题有所介绍。这引起国内对这一问题之研究风潮。但中国并没有实施这一政策之传统，同时很多民众对于"保险""贷款"等相关业务总是带有偏见，所以基本上其还没有成为一种社会主流，即使有人对其一知半解，但也从未将住房反向抵押贷款看作一类能够积极补充养老资金并且改善社会保障制度的有效方式。

实际上孟晓苏也为这一政策之推动作出了巨大贡献，作为中国房地产开发集团公司董事长，其很早就开始在国内呼吁发展住房反向抵押贷款市场。他从 2002 年开始，通过发表论文、提出议案、媒体宣传等方式向学界、政界、大众传播住房反向抵押贷款。因此国内不少关于这一问题之文献都把孟晓苏作为中国提出住房反向抵押贷款第一人。

2004 年，浙江大学柴效武教授将住房反向抵押贷款概括为"以房养老"，使得这一领域社会关注度大大提高，从而导致更多人开始思考住房反向抵押贷款具体内涵，并且在了解具体内容以及运行方式之后将其同社会养老保障紧密联系在一起。这之后，关于住房反向抵押贷款之研究不断增加，但基本上还是以阐

述概念,介绍国内外此领域具体发展情况等为主,同时亦分析了
住房反向抵押贷款的作用。

换言之,学者基本上重点讨论中国开展这一政策的客观条
件,并提出政府政策建议,等等,研究方法主要是定性研究。
2013年,针对现阶段这一股研究热潮,国务院发布《关于加快发
展养老服务业的若干意见》,其中已经非常明确地指出"将试点
开展老年人住房反向抵押养老保险"。这之后,研究住房反向抵
押贷款的论文在原有的基础上,更加丰富,但研究的深度和广度
并未有较大的突破。

(一) 住房反向抵押贷款的作用研究

孟晓苏(2002)认为,20世纪90年代在中国实施承租公房出
售,导致那一时期很多人花费少量资金就购买到了房产,并且由
于近些年来房产不断升值而成为"富翁"。通过住房反向抵押贷
款,盘活固定资产,显然成为老年居民构建起更为全面寿险屏障
之有效途径。他认为,住房反向抵押贷款还能在其他方面发挥
作用,比如适当地减少中国较高的储蓄率,从而促进消费。

范雪蕾、高子建(2009)亦作出相关研究,其主要借助问卷调
查之形式,得出结论称中国现阶段社会养老方式正在有所改变,
并且从其具体数据看,超过90%的被调查者表示希望能够到环
境、气候宜人的地区去安度晚年,这说明以房养老并不是唯一选
择。如果将这种方式同异地养老相结合,不仅可以让老年人获
取较为充足之收入,同时也能让其享受到更加舒适、愉悦的养老
环境。

清华大学的黄民安(2013)研究了住房反向抵押贷款对老年人福利的影响,他假设退休居民理性优化其资产配置,模拟计算研究表明控制参与住房反向抵押贷款花费,将能够切实地改善老年人福利水平。他还研究了发展住房反向抵押贷款对代际之间的福利以及社会总福利的影响,模拟计算表明引入住房反向抵押市场后,住房反向抵押贷款这一形式现阶段已经逐步演变为老年人的重要资金来源,从而降低了他们对社会养老保障的依赖,从而使得在职人员养老保险的征收率下降,减轻了下一代人的养老负担,使居民在生命周期中的消费支出曲线更加平滑,所以提高了社会总福利。

2011年,针对养老压力不断增长之现实情况,很多省份都开始出台"以房养老"提案,这种举动也使得住房反向抵押贷款受到了社会各界的极大欢迎。很多学者都开始着手从自身领域来研究这一政策。例如周子渊(2013)站在房产税收视角来展开研究,根据其观点,住房反向抵押贷款将使得老年人很大程度上避免由于税收政策变动而导致的房产贬值,同时也能够使得二手房市场更加活跃。除此之外,这一政策也能够切实地提高老年人生活水平,并且让社会及家庭所承受的养老负担大大减轻。

(二) 住房反向抵押贷款的可行性研究

罗琼芳(2004)提出,现在中国农村宅基地所有权依旧是必须归集体所有,而且这些地区房屋价值较低,农民实际上仅仅具备使用权,没有产权,宅基地不能流转、不能抵押,这成为农村开展住房反向抵押的一个法律障碍。

柴效武、张海敏、朱杰(2007)研究了住房反向抵押贷款业务中,老年人和贷款机构对老年人健康状况的信息博弈。他们用模型分析了老年人在参与住房反向抵押贷款中借贷双方的博弈动态过程和均衡状态,研究的结论是在均衡状态下,由于掩饰真实情况的成本较低,贷款机构面临的不确定性风险极大。因此,他们建议贷款机构不能指望老年人提供的医院体检或健康证明来评估老年人的健康状况,应该依照大数定律,不根据每个个体健康状况,而是统一按照这个地区老年人平均寿命来作为依据,并在此基础上开发出符合实际情况之住房反向抵押贷款产品。他们提出,如果想要规避上述情况发生,主要可以通过这些手段:首先是可以通过具体方法,让掩饰、欺骗行为付出更大代价;其次也可以通过调整博弈顺序之手段,使得信息传递逐步演变为甄别模型。寿险机构与老年人的博弈顺序发生了调换,即寿险机构不再是依据每位老年人的余寿,而是根据大数定律,按照一定时期特定地区的老年人平均寿命水平设计贷款产品,决定老年人的贷款额度。如果从参加者角度来进行分析,如果其选择"健康评价书"往往不意味着能获得超额利益,但是其必须要在是否接受当中作出决定。倘若同时亦有普通寿险市场,很多老年人往往会极力证明自己身体健康,甚至有的人会为此去开具假证明以便能够顺利投保,之所以采取这些不良手段就是为了在自己身体欠佳时能够获得一大笔资金。而房产养老寿险模式却呈现出截然不同之情况,尽管民众还是会从自身利益出发,但此时老年人作法却与前述大相径庭,其更希望表现出自己身体不好，从而让机构认为其剩余寿命较短，从而会在每年获取更多资金。实际上保险公司与房产养老寿险机构有着相同利益目标，此时为了避免被投保人所欺骗，两方应当建立信息共享制度。甚至在市场条件允许时，这两种业务可以进行合并。

张冉、范子文（2009）则主要从此类贷款需求出发，分析得出干扰老年人作出决定的主要因素有很多，并且主要会涉及当事人实际情况。具体来看，学历以及月均支出水平将会对老年人产生正向影响，而诸如实际年龄、性别、个人以及家庭月收入情况等因素则会有负向影响。换言之，那些学历比较高并且年纪不大的男性老年人，如果同时具备收入不高、支出刚性等情况，此时则很有可能去进行住房反向抵押贷款。与此同时，上述学者充分地考虑到这一决定亦会受到间接因素之影响。比如社会传统习惯以及养老方式等都会对当事人抉择有所干扰。具体来看，由于现在很多人还有着"将房屋留给后代"这一根深蒂固之观念，这种情况下将会导致很多人放弃住房反向抵押贷款。此外，分析现阶段中国养老具体形式，很容易发现基本上还是以家庭养老占到大多数，因此很多老年人不会产生太强紧迫感，其知道家庭和子女将会负担起对其养老之责任，所以这类人也并不存在进行住房反向抵押贷款来获取消费资金之动机。并且，根据上述学者之分析，遗产税与此种贷款之间存在明显正相关联系，如果老年人发现税率过高，此时他们则会倾向于进行住房反向抵押贷款。

顾小娟、杨超男（2010）则指出，根据中国金融业发展之具体情况,很多业务都分散于各个机构当中,此时由于住房反向抵押贷款具备综合性之特征,则导致单个金融机构很难准确把握其经营方式,并且对风险很难有一个清楚预测。此外,作为一种公益性质的金融产品,住房反向抵押贷款往往不能带来巨大利润,与此同时还很可能受到政策影响而导致变动,所以很多金融机构也对其"敬而远之"。因此,现阶段中国想要刺激这一业务发展,则必须充分地借助政府力量,积极地提供各类政策支持。具体来看,想要将这一业务切实地运用于养老制度改善之中,应当积极地采取政府主导、金融机构联营之试点模式,并且根据实施效果来不断地进行调整,最终得出符合现实情况、又能满足各方需要之具体经营模式。

童汇慧、柴效武(2010)则从国外这一业务实施情况着手,提出基本上住房反向抵押贷款都是通过政府开办、政府支持、私人开办者三种形式来得以实现。具体来看,在美国这三种方式都已经比较成熟,而日本、新加坡则是第二种类型的典型支持者,与此同时在加拿大则主要采取第三种方式。他们提出,如果以中国实际情况来看,最合适、科学之方式是将福利与市场相结合,一方面鼓励政府提供支持,甚至可以自行推出产品,另一方面各个金融机构也能够积极地进行研发及尝试。

朱劲松(2011)则另辟蹊径,进行了"以房养老"影响因素之实证调查,根据其调查情况,很容易发现在老年人是否接受并参与"以房养老"这一问题上,最关键的因素在于传统观念。换言之,这一业务能够得到社会普遍认同,首先需要解决好家庭内部关系。罗莉、王亚萍、徐洋(2012)等学者也得出类似观点,在就武汉市老年居民住房与养老状况作出深入调查后,认为"以房养老"模式还是有着很多支持者及市场前景。虽然现阶段这一业务面临一定困境,主要原因还是在于其对传统观念有所冲击。但是经过大力宣传之后,很多人还是会逐步接受这一新兴养老模式。

刘惠敏、陈佳妮(2011)重点地对美国选择这一业务的借款者进行分析,并且他们深入地考察了这一群体的实际特征。由此得出年龄、家庭结构、收入储蓄水平等将会直接影响到当事人是否参与到住房反向抵押贷款中来。具体来看,当事人年龄与需求程度有正比关系,年龄越大,则对资金需求量也会水涨船高。与此同时,选择这项业务的人数也在稳步增加,并且呈现出年轻化趋势。值得注意的是,独居老年人对这一业务有着更为明显、强烈之需求,在 2009 年时就占到总参与者的 63%,并且当中又以独居女性为主。

李心愉(2013)强调,如果想要使得住房反向抵押贷款在中国得到广泛传播及接受,一定要满足以下要求:首先是业务量及利润必须让保险公司能够接受并认定从中有利可图。其次,房价必须保持稳定上涨之趋势。可是这两点显然目前在中国都难以得到保证,所以住房反向抵押贷款在中国市场前景堪忧。

王云斌(2013)主要是将此类贷款产品与利率情况密切联系起来,其指出现阶段中国还没有形成真正的利率市场化,此时会存在很多难以避免的不稳定因素,并且会使得借贷双方要承担的风险都大大提高,尤其是到期累计本息往往会与最初预计之结果有很大区别。如果利率很低,那么对于贷款机构而言就会导致利益损害,而反之就会使得很多借款人不再愿意进行此项业务。

陈鹏军(2013)从另一角度出发,指出中国商品房并没有很大利用潜力,因为其同国外独栋院落有着很大区别,不仅面积相对较小,同时大量房屋都要依附于同一土地,这意味着其能够盘活及回收资金的潜力并不大。而且在很多国家都已经有明文规定,这种公寓式住宅无法办理住房反向抵押贷款,如果按照这种风控为主的观点,这一类业务在中国几乎没有发展之可能。

蔡琦、申韬(2014)有观点称,现阶段中国还远远没有建立起合乎规范的二手房交易市场,那么贷款机构在得到住房之后怎样才能将其变现,并且能够减少承受贬值风险的程度,往往还没有相关保障。除此之外,房地产中介机构还处于起步阶段,其所得结果也大多存在偏差。这些情况都会直接干扰到住房反向抵押贷款的具体运行。除此之外,王静、王俊霞、荐家壮(2013)提到现在很多国家宏观政策都在使得房地产市场动荡不安,使金融机构疑虑重重。

陈秉正、高名、刘晓菲(2015)通过实证研究表明,健康程度会影响对住房反向抵押贷款的意愿,健康程度较低和健康程度很好的老年人更倾向于选择住房反向抵押贷款。是否购买了健康保险和住房反向抵押贷款意愿有很强的相关性,购买了健康保险的老年人对住房反向抵押贷款的意愿更高。

陈秉正、高名（2015）主要分析了这项业务的可行性。他们还借助数学理论构建起了贷款机构损失模型，从模型中风险层次一目了然，具体来看，房价涨跌是最大风险，而利率以及客户死亡率则次之。他们认为：金融机构投资于住房反向抵押贷款项目具有较可观的盈利空间，但是其风险也不容小觑；金融机构在经营时应对风险有充分认识，并制定相应的风险管理策略，尤其应重视房价波动风险；其次是利率风险，要提高合约设计中对房价和利率测算的准确度，并随着经济形势的变化不断校正对房价和利率的预测结果，从而降低预测偏差带来的损失。

（三）住房反向抵押贷款的产品定价研究

本书在总结各个文献时发现，对住房反向抵押贷款产品定价起到一定干扰的因素有很多，但最重要的风险就是贷款利率、抵押物价格以及老年人预期寿命。中国现阶段的研究主要是围绕这三个重要风险因素来展开的。

浙江大学的陈近（2010）认为，由于中国的房地产价格波动较大，利率尚未完全市场化，国外较为经典的研究住房反向抵押贷款的定价模型，其中比较典型的支付因子定价模型、保险精算定价模型、BKU 等都不适用于中国的国情。他提出了风险中性定价法，即是一种全面考虑了三大风险因素的风险定价法，并且提出了更加适用于描述中国国情的利率变化研究模型——"跳跃式利率浮动贷款"。

胡利芳（2015）以武汉市老年人的实际收入、房价、住房拥有情况为样本，研究认为住房反向抵押贷款实行保险精算定价模型中的一次性支付模型是不可取的。因为按照此模型,拥有同等大小住房不同年龄段的老年人获得的一次性贷款金额相差不多,随着物价的上升,这笔钱将面临很大的贬值风险。

随着这一领域研究程度的不断加深,国内一些专家开始尝试增加难度,在住房反向抵押贷款产品中加入期权,加入政府担保等条件成为现阶段的讨论热点。

和满意(2008)将期权理论与这一问题密切地联系起来,并以此构建起住房反向抵押贷款产品的定价模型,其研究能够使得将来为那些具有隐形期权性质、有赎回权的住房反向抵押贷款产品进行更加科学合理之定价。对于老年人而言,此时其可以选择进行住房反向抵押是否附带赎回权。倘若其他条件保持不变,那么那些无赎回权之产品往往意味着借款方能够得到更多金额。其原因并不复杂,主要在于如果借款人最终选择赎回房屋,将意味着贷款机构要承受更多风险及成本,即通常所称的期权费。因此,申请人可以根据自身需要来决定到底选择哪种产品。

清华大学的陈秉正、秦鹏、邓颖璐(2014)研究了在住房反向抵押贷款中加入赎回选择权后产品的定价问题。他们考虑到中国的特殊情况,广大老年人思想较为传统,一般都会把住房看得很重要,在非极端情况下,他们不会轻易出售房产。而且,由于房地产行业在中国近十年的蓬勃发展,对房价提升空间的期待也使得很多老年人不愿意参与住房反向抵押贷款。因此,这三位研究人员为此类产品添加了一项附属权利,即在其中嵌入了

一个可赎回选择权，换言之，在签订这项合约之时，支付一定的
对价，使得在老年人去世的时候，房产的继承人届时有行使赎回
房产的权利。他们通过几何布朗运动和利率期限模型研究认
为，赎回权定价会随着借款老年人年龄的增长而增长。他们的
研究同时还显示，由于利率和房价波动这两个都属于系统性风
险，贷款机构无法通过大量对老年人发行产品来分散风险。

周海珍、战峻峰（2014）构建了考虑政府担保下的住房反向
抵押贷款定价模型，根据测算显示，政府对其提供担保可以增加
老年人得到的具体金额。

清华大学的陈秉正、秦鹏、邓颖璐（2014）还研究了具有长期
护理保障功能的住房反向抵押贷款产品。他们巧妙地使用蒙特
卡罗模拟方法来实证测算了产品的定价。他们提出，这种产品
是在住房反向抵押贷款之上附加一个长期护理保障功能。老年
人还健康时，将房产作为抵押从而获得一定金额养老，老年人还
能继续居住在自己的房子里，这一点和传统住房反向抵押贷款
产品没有区别。产品具有的长期护理保障功能在老年人发生大
病需要长期护理时，自动生效，可以使老年人不需要在得大病时
变卖房产来治病护理，降低当事人大病长期护理等花销筹集的
时间及成本。传统的长期护理保险需要老年人提前支付一大笔
保费，而老年人往往对保费损失有一定的厌恶心理，具有长期护
理保障功能的住房反向抵押贷款产品很好地解决了这个问题。
实证显示，这种产品在长期护理保障功能生效时能够为老年人
提供足额的保障以支付治疗和护理的费用，还能为投保人提供

日常的养老开支。

(四) 中国发展住房反向抵押贷款的路径研究

柴效武是较早开始着手于中国发展这一业务路径研究之专家。根据其与徐智龙(2004)之分析可知,实际上住房反向抵押贷款很多特征都与普通保险类似,主要是两者均会面临难以规避的"柠檬市场"。换言之,由于很难做到买卖双方信息对等,所以对于贷款机构而言,他们仅能依靠平均寿命等容易获得并且较为科学的推测数据来判断应支付的金额,从而将选择权还给借款方。长此以往,那些认为自己身体状况不佳,不足以获得更多利润的老年人将会逐步退出这一市场。但是那些寿命较长的客户往往会愿意留下来获得超额资金。但是如果这种情况愈发明显,也会使得卖方亏损严重。所以,上述学者指出应当让政府来为贷款机构提供一定补贴。但针对这种观点,蔡琦、申韬(2014)持反对态度,他们认为,社会普遍认为政府的养老基金是提供住房反向抵押贷款的理想机构,但是由于社保改革推动较慢,现收现付以及历史上的双轨制遗留下来的各种问题,使得中国养老金缺口很大,向进行住房反向抵押贷款的市场公司给予补贴不现实。

金奕(2008)提出,在住房反向抵押贷款的市场建设上,首要是健全住房融资体系,统一房地产数据。他还建议建立起该业务二级市场,与此同时大力鼓励金融机构参与其中。

刘江涛、张波(2009)提出建议称,扩大业务规模将有效地分散风险。尽管设定固定期限贷款能够帮助金融机构降低很多经营过程中的风险,可是却无法满足实际中人们的养老需求。其原因显而易见，因为按照这一还款方式之要求，倘若老年人存贷时间长于约定还款期限，此时就必然要承受还款压力，甚至不得不搬离住房，这就与该业务一开始的"养老"目标相悖。由于难以确定每一借款人具体寿命情况，可基本上还是会同一地区平均寿命接近，故对于贷款机构而言，其能够把分散贷款进行整合，并由此来缓解个体寿命区别导致的不确定因素。

顾小娟、杨超男（2010）研究了美国住房反向抵押贷款的做法，他们建议中国想要在这一领域有所发展必须要参考先进经验，比如建立起专业咨询制度以及信息披露制度。专业咨询制度是为了帮助老年人更好地理解和规划"以房养老"，政府可以给予一定的咨询补贴。信息披露制度有利于保护处于弱势的老年人，让他们对自己的财产有更多的知情权，同时也可以帮助贷款机构提高工作效率。

楼国涛、汪金剑、徐丹秋（2011）分析了影响这一业务发展的重要因素。根据其观点，社会发达程度、经济发展状况、区域人口结构均会对该业务有所干扰。他们还用因子分析法研究了住房反向抵押贷款在全国不同地区推广的可能性，并且根据其详细分析，将中国现阶段各地区情况划分成五种类别。具体看，其考虑的主要因素是该地区经济发展状况、人民生活水平，等等。根据上述学者之观点，广东省的条件与这一业务最为契合，因此应当以其为试点来分析住房反向抵押贷款对社会所产生的实际效果。而那些经济发展水平过低，或者是人口抚养比例很高的地区，则不适合开展这项业务。

第八章　中国住房反向抵押贷款实践

一、南京"以房换养"模式

2002 年"温泉留园"老年人公寓在南京尝试用住房换取养老保障，同时也是全国首个开办住房反向抵押贷款的私人机构。根据该企业的规定，申请人年龄需超过 60 周岁，且至少拥有一套面积不少于 60 平方米的房产。申请人在满足上述条件的同时，须签署抵押合同，自愿将自有房产押给"温泉留园"。合同经过公证处公证后，申请人可在"温泉留园"免费居住。申请人享有房产居住权，而"温泉留园"享有房产所有权，并通过对抵押房产的商业运作，获得老年公寓的运作费用和企业利润。"温泉留园"老年公寓的收费标准适合大众，为 840 元/月，并提供标准化的居住条件和相应生活配套设施与服务。①

该模式在经历了短暂的红火后最终还是失败了，原因主要有两个：一是抵押房屋的租赁收入远远少于老年人在老年公寓

---

① 古鸣.倒按揭，为何叫好不叫座[J].上海经济，2006(4).

中的实际消费,不足以维持老年公寓日常运转;二是公寓服务不过硬,缺乏针对性和个性化服务,老年人普遍觉得服务质量达不到预期,纷纷退出该公寓。

二、上海"以房自助养老"模式

2007 年上海市住房公积金管理中心(简称"中心")开展了"以房自助养老"的试点项目。该项目的运作模式是:年满 65 周岁,且拥有不少于 50 平方米独立住房的老年人,以市场均价将房产出售给"中心"。"中心"将为老年人提供相同水平的住宿,并为老年人提供一些免费的服务,以提高老年人的生活水平。租约到期后老年人可以继续免费享用中心提供的住房直至去世。老年人去世后"中心"将会把该住房提供给其他等待保障房的家庭。该模式一方面解决了老年人养老的资金问题,同时又提升了住房资源供给量,减少了保障房建设的成本,优化了资源配置和使用效率。

该项目的运作在当时的时代背景下是一个很好的创新,引发了中国其他地区对上海"以房自助养老"模式的借鉴与学习。上海"以房自助养老"的优点是该项目由政府部分牵头,以非营利的方式运作,旨在提升老年人的生活质量,优化住房资源配置和流通,运作初期广受老年人欢迎。缺点之处是,忽视了子女的阻力和社会舆论的压力。因为老年人直接将房屋出售给政府后,子女则无法继承房产。所以,申报的老年人越来越少,最终项目流产。

三、北京的"以房养老"实践项目

不同于上海,北京地区的先行者们不是政府部门,而是民营养老机构或拥有政府背景的非营利养老公寓。

(一)"养老房屋银行"业务

2007年,北京市寿山福海国际养老服务中心与中大恒基房地产经纪有限公司开展了于南京的"以房换养"业务的升级版"养老房屋银行"业务。该业务类似于上文论述的南京模式,区别在于老年人并不放弃房屋产权,即以房屋租赁收入作为养老服务的运营费用。相比于南京、上海模式,该模式考虑更加周到,但仍然面临许多挑战,如养老院服务质量管理、代理租赁企业的公信力、租赁中的纠纷处理等。

(二)幸福人寿住房反向抵押贷款

以幸福人寿为代表的金融机构也积极开展相关的尝试。2007年10月,北京幸福人寿在参考了国外经验的基础上,设计了适合北京居民的住房反向抵押贷款养老项目。年满62周岁的老年人可以将自己名下的房产抵押给保险公司,保险公司会根据市值与借款的期限进行估价,每月支付老年人养老金,老年人去世后保险公司会以出租或出售的方式回收之前借款的本息之和。

该业务出台了具体的本息计算公式,每月给付金额=(房产现值-房产折损-房产增值预期-保险公司预支贴现利息)/[(预期寿命-投保当期寿命)×12]。由于中国金融分业经营的限制，当时保险公司还不能经营抵押贷款类项目，所以导致该项目始终停留在设计层面，未能上市。

(三)"金手杖养老公寓"项目

北京温都水城与北京幸福人寿保险公司在 2004 年联手发起了"金手杖养老公寓"项目。项目的主要内容为年满 60 周岁的男性和年满 50 周岁以上的女性，将个人独立房产抵押给北京幸福人寿保险公司，并获得一笔收入。在申请阶段，老年人将获得主办方的一系列金融服务，包括房产价值评估、投保和退保等。老年人将从保险公司获得的现金收入用于交纳老年公寓的会员费。不同于一般的养老公寓，金手杖养老公寓根据入住时间、住宿条件制定了不同档次的会员收费标准。入会时间越长、居住条件越好，则老年人需要缴纳的会员费越高。

养老公寓的会员分为 15 年会员和 30 年会员两种。[①]

30 年会员实行的是押金制。例如，50 周岁的女性加入 30 年的会员，选择 53 平方米朝向为阳面的养老公寓居住，则需要交押金 130 万元人民币，30 年期满如退会，押金全额退还。30 年会员身份可退也可转让。老年人可免费在公寓内生活，不限时间，直至老年人离世。老年人不仅可以享受终身养老的服务，同时他们也拥有委托转让会员身份，获得市场收益以及给予其子女继承其会员资格的权利。因此当老年人购买了会员费后，未来三代都可以受益。

---

① 加入水城金手杖　开启全新幸福晚年[J]《中国经济周刊》,2015(49).

15 年会员实行的是消费制。男女均 65 周岁起可以申请。例如,65 周岁的女性加入 15 年的会员,选择 53 平方米朝向为阳面的养老公寓居住,入会费用为 80 万元人民币。15 年的会员也同样享有终身养老的资格。在会员年限内也可让直系亲属续住,会员到期后保险公司会全额返还会员费。

根据老年人的不同意愿,金手杖老年公寓也开展了类似于南京的"以房养老"项目。但仅限于北京城六区的该类老年人。老年人将个人房产交给金手杖开展租赁业务,租赁受益用于交纳会员费。子女在老年人去世后,补齐欠款后获得房子的继承权。

四、杭州"以房养老"模式

2008 年,杭州市上城区湖滨街道针对四类老年人(无子女、无亲戚、无收入的老年人和独居无人照顾的老年人)专门推出了一套相应的业务。老年人可以将住房出租或出售来支付养老的费用。若是公房可以将其退回房管机构,可以用相应的补助金来支付养老费用。若老年人的房产处于高价的地段,可以将其出租,再去承租地段稍差的房屋,利用差价增加收入。虽然杭州市的"多项选择"模式与前三种模式相比,产品设计的种类多样化,使老年人有更多选择的空间,但是人们出于传统养老观念的影响,申请该业务的老年人并不多。

五、中信银行"养老按揭"业务

2011 年,中信银行面向老年人及其法定赡养人出台养老贷款业务。业务规定，仅年满 55 周岁的老年人或者 18 周岁以上的法定赡养人可申请此业务。

该业务的具体申请条件为：第一，拥有两套以上的住房，并且拥有少于 10 年的贷款期限。第二，申请的贷款额度在房产抵押市价的六成以内，且每月养老金不得超过两万元。该业务主要针对拥有多套房产的老年人。该业务的不足在于满足该条件的老年人过少，也存在着亏本的风险。

综上所述，2002 年到 2013 年这一阶段是中国开始住房反向抵押贷款的实践探索阶段，在国家层面上没有出台相关的政策意见和规范产品的标准。

这一阶段各地的尝试大致可分为两类。一类是保险公司等金融机构开展的养老保险模式，另一类是民营养老机构或具有官方背景的非营利组织开展的养老公寓模式。两种运作模式虽然都属于住房反向抵押贷款模式，但在经营主体、养老权益、房产权益三方面存在较大差异。前者，如保险公司、商业银行等是以盈利为目的的；后者，则是一些非营利组织或者慈善机构。在养老权益上，前者老年人的权益主要体现在养老金，而在后者老年人享受实质性的养老服务。在房屋权利上，前者老年人最终丧失房产所有权，而后者老年人只是丧失房屋的居住权。

第九章 中国现行的住房反向抵押贷款产品的政策和具体形式

一、政府部门的相关指导政策

2013年,国务院发布了《关于加快发展养老服务业的若干意见》,鼓励地方政府成立老年人住房反向抵押贷款养老保险试点。2014年,中国保监会根据国务院精神也发布了《中国保监会关于开展老年人住房反向抵押养老保险试点的指导意见》,计划在北京、广州、武汉、上海四个城市开展为期两年的试点。如果该模式试点成功,则推广到全国。2015年3月,保监会批准了幸福人寿的产品申请,国内首个保险版以房养老产品正式上市。中国的住房反向抵押贷款也拥有了一个良好的发展方向。

根据贷款机构是否对住房具有追索权,住房反向抵押养老保险产品分为两类:参与型与非参与型。前者贷款机构对房产具有追索权,并享受一部分抵押房产在贷款期间的增值收益;而在后者,贷款机构无权获得房产抵押期间的增值收益。

分成这两种类型的原因是监管层考虑到中国房地产市场不

稳定,受国内外经济因素波动较大,因此借贷双方都需要持谨慎态度。借贷双方对抵押房产的市值达成一致是业务开展的前提,但由于房地产市场的波动性,双方很难达成共识。以北京市房价为例,虽然呈现出上涨趋势,但难以准确预测房价未来的上涨幅度和持续时间。因此,北京地区试点的第二类产品,对业务的双方都有严格的准入要求:

第一,借款人年满 60 周岁,拥有房屋(限 70 年产权的房屋)的独立产权。

第二,限制开展该业务的机构,前期只有保险公司可以开展此业务。抵押房产的总值不可过高,不得超过公司总资产值的一定的百分比。

第三,参与业务的保险公司必须定期向监管部门汇报试点工作情况。

第四,必须由专业机构定期评估保险公司持有的抵押房产市值,保险公司独立承担房价下跌带来的资金损失;参保人可自愿、随时向保险公司申请退保,并赎回个人房产。

第五,保险公司不得私自占有老年人的财产,老年人过世后保险公司通过房产出租或出售获得的收益扣除支付老年人养老金的本息后,多余的部分必须返还给老年人的继承人。若保险公司的收益低于养老金的本息和,保险公司将独立承担经济损失。可惜的是,虽然政府大力支持,但参与试点项目的居民很少,试点不尽如人意。截至 2015 年 6 月,全国四大试点城市目前的承保人只有 22 户家庭。其中只有 12 户家庭购买了由幸福人寿推出的国内首款产品,业绩惨淡。①

二、现行住房反向抵押贷款产品的具体形式

自中国保监会发布了《中国保监会关于开展老年人住房反向抵押养老保险试点的指导意见》后,中国执行住房反向抵押贷款的贷款机构只有保险机构。参加此项活动的老年人也可称为养老保险投保人。投保人的年龄规定在 60 周岁至 85 周岁之间。贷款则被保险公司称为"养老保险金额"。中国的住房反向抵押养老保险参照的是美国的住房反向基本抵押贷款,只是在具体的条款与金额上存在差异。

中国目前住房反向抵押贷款的主要产品是幸福人寿推出的"幸福房来宝"。

现行规范的住房反向抵押贷款产品的主要特点是:第一,产品设计有透明度;第二,老年人可以享受房屋预期增值收益;第三,保险公司承担房屋下跌风险;第四,保险公司承担长寿给付风险;第五,老年人随时可以退保赎回。

(一)住房反向抵押贷款产品的主要方案

为了保障老年人的合法权益最大化,中国商业保险公司在开展住房反向抵押贷款时会设置预交养老保证金项目。即在特定期限中的每个保单年度初,老年人需要交纳延期年金保费,老年人在特定期限中交纳的延期年金保费将累积用于特定期限后

---

① 宁创."以房养老"行得通吗?［J].宁波经济:财经视点,2015(10).

的养老保险金支付。老年人在特定期限中需要交纳的延期年金保费金额将在保险单上载明，无须以现金方式交纳延期年金保费，老年人预交的养老保证金将会自动转入老年人的养老保险账户并累积利息。

在投保主险合同时，关于延期年金的身故和退保利益，老年人可选择如下方案之一：

方案一：在保险合同有效期内如若老年人提前离世或要提前终止合同，保险公司将不承担相应责任，也不退还延期年金所产生的收益。

方案二：在保险合同有效期内，若保险受益人身故，保险公司将承担保险人身故后给付责任，身故给付金额为被保险人身故时延期年金产生的现金价值；若保险合同提前解除、终止，保险公司将退还延期年金产生的现金价值，退还的延期年金将与老年人应承担的养老保险相关费用相抵扣，抵扣时间为老年人全额向保险公司支付养老保险相关费用之时。

若合同生效后，第一笔养老金发放前担保人意外身故或者合同提前终止，由于延期年金保费为零，保险公司承担的身故保险金及应退还的现金价值亦为零。

延期年金的身故和退保利益不同方案之间的差异，即方案一和方案二的比较如下：

选择方案一，老年人需要交纳的延期年金保费较少，老年人每月领取的基本养老保险金额较高；选择方案二，老年人需要交纳的延期年金保费较多，老年人每月领取的基本养老保险金额较少。

无论选择方案一还是选择方案二,老年人应承担的养老保险相关费用基本相同。

老年人还享有一个犹豫期。签订合同次日起 30 日内,老年人可以无条件申请解除合同。在此期间老年人应该认真审视住房反向抵押养老保险合同,如果老年人认为住房反向抵押养老保险合同与老年人的需求不相符,老年人可以在此期间提出解除合同。

签订合同 30 日后,合同将正式生效,老年人若需要解除合同,需要作出书面申请。当保险公司收到解除合同申请书时起,将停止养老保险金的支付,老年人亦无须再向保险公司继续交纳特定期限中需要交纳的延期年金保费。老年人需要支付解除合同时自身承担的相关费用,合同就会解除。保险公司会在每个保单年度末向老年人提示解除合同所需支付的上述全部金额。

(二) 养老保险金额

中国的住房反向抵押养老保险金额分为基本养老保险金额和养老保险金额。

1. 基本养老保险金额

基本养老保险金额需要在保险单上表明,该金额是在一系列(房屋的折扣、长期预期增值、预期的被保险人平均生存年限、利率、终身给付的成本等)长远的估算后确定的。一经确定,将不能再作变更。此方案与美国养老年金类似。

2. 养老保险金额

此金额与投保人年龄、保险公司保险责任内容相关。

合同有效期内保险公司按合同约定的基本养老保险金额给付一次养老保险金。老年人可实际领取的养老保险金额为基本养老保险金额扣除老年人应当承担的相关费用之后的净额。

不同年龄、性别以及拥有不同价值的房产的老年人参与住房反向抵押养老保险后的养老金收益情况可以通过一些假设来测算。具体情况见表9-1、表9-2、表9-3和表9-4。

表 9-1   延期年金无身故和退保利益,男性在 60 周岁时用 100 万元的房产参加住房反向抵押养老保险后的情况

性别	投保年龄（周岁）	延期年金年交保费金额（元）	月度基本养老金额（元）	延期年金交费年度数（特定期限年度数）(年)
男	60	2 544	2 514	26
男	61	2 850	2 624	25
男	62	2 587	2 646	25
男	63	2 911	2 766	24
男	64	3 285	2 894	23
男	65	3 719	3 031	22
男	66	4 226	3 177	21
男	67	4 822	3 334	20
男	68	4 384	3 372	20
男	69	5 034	3 546	19
男	70	5 810	3 734	18
男	71	6 740	3 938	17
男	72	6 128	3 990	17

性别	投保年龄 （周岁）	延期年金年交 保费金额（元）	月度基本 养老金额（元）	延期年金交费年度数 （特定期限年度数)(年)
男	73	7 173	4 219	16
男	74	8 453	4 470	15
男	75	10 036	4 744	14
男	76	9 145	4 821	14
男	77	10 992	5 135	13
男	78	13 343	5 484	12
男	79	12 168	5 584	12
男	80	15 009	5 989	11
男	81	13 651	6 105	11
男	82	16 204	6 216	10
男	83	14 707	6 344	10
男	84	18 672	6 795	9
男	85	24 667	7 463	8

数据来源：幸福人寿保险股份有限公司

表9－2　延期年金无身故和退保利益，女性在60周岁时用100万元的房产参加住房反向抵押养老保险后的情况

性别	投保年龄 （周岁）	延期年金年交 保费金额（元）	月度基本 养老金额（元）	延期年金交费年度数 （特定期限年度数)(年)
女	60	4 612	1 827	29
女	61	5 074	1 896	28
女	62	5 592	1 968	27
女	63	6 171	2 043	26

性别	投保年龄 （周岁）	延期年金年交 保费金额(元)	月度基本 养老金额(元)	延期年金交费年度数 （特定期限年度数)(年)
女	64	6 822	2 122	25
女	65	7 555	2 206	24
女	66	7 297	2 228	24
女	67	8 101	2 317	23
女	68	9 013	2 412	22
女	69	10 051	2 511	21
女	70	11 237	2 617	20
女	71	12 618	2 727	19
女	72	14 215	2 844	18
女	73	13 734	2 885	18
女	74	15 543	3 013	17
女	75	17 664	3 149	16
女	76	20 168	3 293	15
女	77	19 475	3 353	15
女	78	22 380	3 514	14
女	79	25 877	3 686	13
女	80	24 952	3 765	13
女	81	29 097	3 960	12
女	82	32 327	3 940	11
女	83	31 134	4 042	11
女	84	36 560	4 216	10
女	85	35 101	4 340	10

数据来源：幸福人寿保险股份有限公司

表 9 - 3　延期年金有身故和退保利益,男性在 65 周岁时用 500 万元的房产参加住房反向抵押养老保险后的情况

保单年度(年)	年龄(周岁)	年度内按月给付的基本养老保险金额(元)	延期年金保费金额(元)	年度末应还累积计息养老保险相关费用(元)	保单管理费(元)	年度末退保手续费(元)	年度末延期年金身故保险金(元)	年度末延期年金现金价值(元)	年度末身故时实际应还款总金额(元)	年度末退保时实际应还款总金额(元)
1	65	148 080	51 560	206 851	1 000	20 685	42 720	42 720	164 131	184 816
2	66	148 080	51 560	425 079	1 000	34 006	88 100	88 100	336 979	370 985
3	67	148 080	51 560	655 310	1 000	32 766	136 293	136 293	519 017	551 783
4	68	148 080	51 560	898 203	1 000	26 946	187 459	187 459	710 744	737 690
5	69	148 080	51 560	1 154 455	1 000	11 545	241 769	241 769	912 686	924 231
6	70	148 080	51 560	1 424 801	1 000	0	299 400	299 400	1 125 401	1 125 401
7	71	148 080	51 560	1 710 016	1 000	0	360 543	360 543	1 349 473	1 349 473
8	72	148 080	51 560	2 010 918	1 000	0	425 394	425 394	1 585 524	1 585 524
9	73	148 080	51 560	2 328 370	1 000	0	494 162	494 162	1 834 208	1 834 208
10	74	148 080	51 560	2 663 282	1 000	0	567 063	567 063	2 096 219	2 096 219
15	79	148 080	51 560	4 635 259	1 000	0	1 001 718	1 001 718	3 633 541	3 633 541
20	84	148 080	51 560	7 212 555	1 000	0	1 575 844	1 575 844	5 636 711	5 636 711

续　表

保单年度（年）	年龄（周岁）	年度内按月给付的基本养老保险金额之和（元）	延期年金保费金额（元）	年度末应还累积计息养老保险相关费用（元）	保单管理费（元）	年度末退保手续费（元）	年度末延期年金身故保险金（元）	年度末延期年金现金价值（元）	年度末身故时实际应还款总金额（元）	年度末退保时实际应还款总金额（元）
25	89	148 080	51 560	9 925 668	1 000	0	1 644 679	1 644 679	8 280 989	8 280 989
30	94	148 080	51 560	12 972 451	1 000	0	1 260 509	1 260 509	11 711 942	11 711 942
35	99	148 080	51 560	16 954 474	1 000	0	770 168	770 168	16 184 306	16 184 306

数据来源：幸福人寿保险股份有限公司

表 9 - 4　延期年金有身故和退保利益，女性在 65 周岁时用 500 万元的房产参加住房反向抵押养老保险后的情况

保单年度（年）	年龄（周岁）	年度内按月给付的基本养老保险金额之和（元）	延期年金保费金额（元）	年度末应还累积计息养老保险相关费用（元）	保单管理费（元）	年度末退保手续费（元）	年度末延期年金身故保险金（元）	年度末延期年金现金价值（元）	年度末身故时实际应还款总金额（元）	年度末退保时实际应还款总金额（元）
1	65	132 360	37 775	176 124	1 000	17 612	30 914	30 914	145 210	162 822
2	66	132 360	37 775	361 934	1 000	28 955	63 742	63 742	298 192	327 147
3	67	132 360	37 775	557 964	1 000	27 898	98 592	98 592	459 372	487 270

续　表

保单年度（年）	年龄（周岁）	年度内按月给付的基本养老保险金额之和（元）	延期年金保费金额（元）	年度末应还累积计息养老保险相关费用（元）	保单管理费（元）	年度末退保手续费（元）	年度末延期金身故保险金（元）	年度末延期年金现金价值（元）	年度末身故时实际应还款总金额（元）	年度末退保时实际应还款总金额（元）
4	68	132 360	37 775	764 776	1 000	22 943	135 580	135 580	629 196	652 139
5	69	132 360	37 775	982 962	1 000	9 830	174 826	174 826	808 136	817 966
6	70	132 360	37 775	1 213 149	1 000	0	216 457	216 457	996 692	996 692
7	71	132 360	37 775	1 455 996	1 000	0	260 607	260 607	1 195 389	1 195 389
8	72	132 360	37 775	1 712 199	1 000	0	307 418	307 418	1 404 781	1 404 781
9	73	132 360	37 775	1 982 494	1 000	0	357 040	357 040	1 625 454	1 625 454
10	74	132 360	37 775	2 267 655	1 000	0	409 626	409 626	1 858 029	1 858 029
15	79	132 360	37 775	3 946 697	1 000	0	722 966	722 966	3 223 731	3 223 731
20	84	132 360	37 775	6 141 136	1 000	0	1 137 130	1 137 130	5 004 006	5 004 006
25	89	132 360	0	8 833 057	1 000	0	1 470 060	1 470 060	7 362 997	7 362 997
30	94	132 360	0	11 544 452	1 000	0	1 126 690	1 126 690	10 417 762	10 417 762
35	99	132 360	0	15 088 138	1 000	0	688 418	688 418	14 399 720	14 399 720
40	104	132 360	0	19 719 593	1 000	0	129 146	129 146	19 590 447	19 590 447

数据来源：幸福人寿保险股份有限公司

(三) 老年人应承担的费用

1. 因承保管理而应承担的养老保险相关费用

老年人与保险公司共同承担房屋估价、公证等费用，支付保险公司保单管理费(年度每单1 000元)老年人所承担的费用无需额外支付，保险公司将从老年人首次领取到的养老金中扣除，若首月不足，不足的部分将从下月支付。保单管理费将从老年人每月的养老金中扣除。

2. 累积计息的养老保险相关费用

特定期限内保险公司将支付受保人养老金以及利息的累积值，在此期间并将以账户形式交纳延期年金保费及其利息累积值。

3. 以退保手续费形式体现的养老保险相关费用

退保时保险公司将以退保时前述累积计息的养老保险相关费用的一定比例作为手续费扣除。退保手续费见表9-5。

表9-5　每个保单年度的退保手续费比例

保单年度	退保手续费比例
第一年	10%
第二年	8%
第三年	5%
第四年	3%
第五年	1%
第六年及以后	0%

数据来源：幸福人寿保险股份有限公司

4. 老年人应承担的其他可能发生的费用

保险公司要求老年人必须承担养老保险和损失赔偿所花费的资金,其中有诉讼费、保全费、鉴定费、评估费、拍卖费、材料费、律师费、过户费和税费等,甚至还包括了其他方面的费用。由于投保人的过失导致房屋损坏与灭失和婚姻、继承等关系的变更可能导致的保险合同无法履行而产生的风险与损失,也由老年人承担。

(四) 养老保险相关费用的累积计息

养老保险相关费用的累积计息,包括了特定期限中和特定期限后两个方面。主险合同保单年度累积利率为年复利 5.5%。保险公司会在每个保单年度结束后,以书面通知的形式,告知老年人截至上保单年度末老年人的累积计息养老保险相关费用账户情况。

1. 在主险合同有效期内特定期限中

(1) 交付养老保险金后的累积计息养老保险的有关费用的资金随所签合同规定的养老金的增加而增加。

(2) 每次以计入老年人应承担的养老保险相关费用账户形式交纳延期年金保费后,累积计息养老保险相关费用账户金额将按主险合同约定的下一年所规定的保险金额的增加幅度。

(3) 保险公司每月结算利息后,累积计息养老保险相关费用账户金额将按结算的利息金额增加。

(4) 在主险合同效力终止时,累积计息养老保险相关费用账户金额将按结算的利息金额增加。

2. 在主险合同有效期内特定期限后

（1）保险公司每月结算利息后，累积计息养老保险相关费用账户金额按结算的利息金额增加。

（2）在主险合同效力终止时，累积计息养老保险相关费用账户金额按结算的利息金额增加。

3. 累积计息的期限

主险合同相关利息的累积将从首次养老保险金给付日零时开始，至养老保险相关费用得到偿还之日止。

4. 被保险人身故之后利息的累积的约定

保险公司自被保险人身故后开始进行抵押房屋的处分工作，若一年内抵押房屋处分尚未完成，被保险人身故满一年后保险公司将停止利息的累积。抵押房屋处分完成，指完成抵押房屋的出售（变卖），即房屋所有权登记变更完成并取得房屋的转让价款。

（五）老年人房屋的抵押与处分

1. 房屋抵押

老年人需把拥有独立产权的房产作为抵押交给保险公司，在做完抵押房屋的记录之后，保险公司就拥有了这所房屋的抵押权。假如此老年人有了人身意外，保险公司可以任意处置此房屋，可以出售它，所得到的资金用来承担老年人的养老保险相关费用；若此房屋换来的资金不够承担该费用，不足部分由保险公司自行承担。

2. 房屋维护

老年人有义务保持主险合同项下抵押房屋处于良好状态，

老年人同意并承诺不会对主险合同项下抵押房屋疏于管理、怠于维护或有意损坏。保险公司可以监管主险合同项下抵押房屋。

3. 房屋处分

老年人同意并承诺：老年人身故之后，保险公司有权选择并委托第三方房产代理机构以适当的价格出售（变卖）主险合同项下抵押房屋，抵押房屋换来的资金用于赔付承担养老保险的相关费用。

（1）在老年人身故之后至保险公司处分抵押房屋之前，保险公司有权对抵押房屋进行管理和出租，出租房屋的收入用来承担老年人应承担的养老保险相关费用。

（2）若因老年人生前把抵押房屋出租，导致保险公司不能及时行使处分权的，保险公司有权向承租人收取租金，用于优先偿还老年人应承担的养老保险相关费用。

（3）若经与权利人协商不能就房屋处分达成一致的，保险公司有权选择通过法律程序解决。

（4）处置房屋以后所得的资金若是在承担了养老保险相关费用和损失赔偿后，在赔付了老年人应承担的所有费用后还有多余的资金，那么剩余的资金必须作为遗产交给老年人的法定遗产继承人，这是老年人和保险公司签订的合同上的约定。有特别约定的，按特别约定处理。

（5）老年人的继承人可以在老年人逝世之后，保险公司处置所抵押的房屋之前，将老年人所欠下的所有相关赔付资金偿还清,就可以要回老年人所抵押的房屋,拥有该房屋的产权。

房屋所能换来的利益大小由之前老年人和保险人共同选择的国家一级房地产机构所作出的评估报告为标准对房屋进行价值评价。

(六) 老年人应承担的义务

1. 房屋评估机构选择的义务

因为老年人所抵押的房屋被评估的价值会对本主险合同的养老保险金额产生影响,所以,保险公司会在老年人的同意下将评估工作委托于一家权威的、国家一级的房地产评估机构对房屋进行评估并生成报告。

2. 明确说明和如实告知的义务

老年人必须承诺履行合同所规定的义务。包括人的告知、物的告知、自身财产情况的告知。假如老年人因各种原因没有履行合同约定的义务,这种行为对保险公司是否同意承保老年人的养老保险金的决定产生影响,那么保险公司可以解除所签订的合同,让老年人赔付其所需承担的养老保险相关费用,并赔偿保险公司的损失。

然而,假如保险公司在签订合同时已经知晓老年人并未履行该义务还坚持签了合同,那么日后不能再以此为由解除合同。

3. 配合办理相关投保手续的义务

在投保手续办理过程中,老年人应积极配合进行抵押房屋评估、尽职调查、房屋抵押登记和公证等各项手续的办理;配合生存调查。由于主险合同的保险期间为保险合同成立之日直至老年人身故时止,所以需要老年人配合保险公司定期开展的生存调查。

4. 保险期间及时通知的义务

保险期间,老年人若发生婚姻关系和继承关系变更、房屋持有份额变化以及房屋出租等事项,老年人有及时通知的义务。

5. 抵押房屋维护的义务

老年人在保险期间履行对抵押房屋的以下六条维护义务:

(1)老年人要确保所抵押的房屋的建筑结构和设备设施满足建筑、消防、治安、卫生等的条件合格。

(2)老年人保证遵守国家、地方的法律法规规定以及抵押房屋所在小区的物业管理规约,保证抵押房屋及其附属物品、设备设施处于适用和安全的状态。

(3)老年人对其所抵押的房屋及其所带物品、设施如有破坏或损失造成价值流失,应做好修复工作再作抵押,逾期不维修的,保险公司可代为维修,且费用可以从老年人养老保险金中直接扣除。

(4)老年人保证按时交纳抵押房屋包括但不限于物业费、暖气费等费用,或因国家法律政策变化而有关部门对抵押房屋收取的其他费用。如果保险公司发现老年人有欠费,保险公司有权从老年人的养老保险金中直接扣除所欠数额,并代老年人交纳所欠费用。

(5)老年人同意并承诺按保险公司指定的保险种类为主险合同项下抵押房屋定期购买财产保险,以防止因火灾或其他灾害对抵押房屋可能造成的损毁或灭失。

（6）若老年人的抵押房屋确实需要向外出租，可进行短期出租（每次签署的租赁合同期限应在两年以下），若老年人未经保险公司同意擅自长期出租抵押房屋，保险公司将按相关约定处理房屋。

将房屋出租时老年人依旧要做好抵押房屋的修理工作。老年人未尽保养和维修义务，致使抵押房屋损坏的，老年人同意保险公司选择和委托的评估机构对抵押房屋进行评估并认可该评估机构出具的评估报告，且评估费用由老年人承担，并根据抵押房屋损坏的程度，要求老年人承担下列责任：若抵押房屋的评估价值低于同类房屋的评估价值10%以内的，老年人应及时修复，逾期不维修的，保险公司可代为维修，且费用（包括本次评估费用）可以从老年人养老保险金中直接扣除；若抵押房屋的评估价值低于同类房屋的评估价值10%以上的，保险公司有权按毁损的约定处理房屋。

（七）老年夫妻双方投保的情况

若是把老年夫妻两人共同的房屋产权抵押给保险公司，保险公司做好房屋的价值评估后，按照老年夫妻在房屋上所占的比例份额，兑换出其能承担的保险金额，并依照合同约定对养老保险金定期支付。

在老年人享受养老保险金权益的同时，老年夫妻对所抵押的房屋依旧享有占有、使用、收益权，若保险公司同意，还享有其处分权。等到老年夫妻逝世之后，保险公司收回对抵押房屋的处分权,处置房屋得到的资金用来交付老年夫妻应承担的养老保险费用。

老年夫妻双方投保时,老年夫妻作为一个合同主体与保险公司建立一个保险合同法律关系,在投保单上明确各自对抵押房屋持有的份额,保险公司将签发一份保单,保单载明老年夫妻各自持有的抵押房屋份额和各自的基本养老保险金额及延期年金年交保费金额。

老年夫妻双方投保时,若抵押房屋登记在一方名下,保险公司在此约定该方为第一投保人,也是第一被保险人,另一方为第二投保人,也是第二被保险人;若抵押房屋登记在双方名下,保险公司则约定男方为第一投保人,也是第一被保险人,女方为第二投保人,也是第二被保险人。

假如老年夫妻中有一人逝世,保险公司依旧按原养老保险金给付于另一人,另一人享有抵押房屋的居住权。另一方去世后,基于其生前拥有整个抵押房屋的居住权,在处分其抵押房屋份额所得不足以偿还其应承担的养老保险相关费用时,保险公司会从处分先身故一方抵押房屋份额所得款项中得到补偿。

老年夫妻一方身故时,保险公司将停止支付身故方的养老保险金,由于另一方仍生存且居住在所抵押房屋内,不能及时实现身故方抵押房屋份额的处分权,故保险公司会继续对身故方的应承担的养老保险相关费用计算利息,直至完全受偿。

老年夫妻在投保单上明确的各自对抵押房屋持有的份额不得变更。若老年夫妻离婚,老年夫妻必须通知保险公司,且未经保险公司同意,不得对抵押房屋作出任何处分。在住房反向抵押贷款合同有效期内,老年夫妻一方退保时,保险公司按老年夫妻双方退保处理。

媒体报道——以房养老者近四成无子女
月领养老金最高达 1.5 万元①

虽然不乏争议,且试点一年来仅有 78 人投保,但作为突破传统养老理念的一种创新型养老方式——"以房养老"大步向前推进的调子明显已定。

2016 年 7 月 15 日,保监会下发通知宣布:延长"以房养老"保险试点的时间,在北京、上海、广州、武汉四个先行试点城市的基础上,再进一步扩大试点范围。据了解,广东部分地级市也将被纳入试点范围。

投保老人说法

能让自己安心　还能出去旅游

对于"以房养老",投保老人又是怎么看的呢?

一位广州的投保老人在接受记者采访时说:"这个钱让自己安心,现在可以在家里看看报纸看看电视,今年还准备和老伴儿去避暑山庄旅游。"

另一位投保老人说:"开始是从报纸上看到的,我一看就感觉很适合自己。(投保之后)我们现在的收入翻一番,这就

① 来源:《羊城晚报》,2016 年 7 月 16 日。

可观了,起码保姆的费用有了吧。有病时,看看病的钱也有了。对我们来说是解决了大问题。"

A　试点城市由4个扩至49个

2016年7月15日,中国保监会发布《关于延长老年人住房反向抵押养老保险试点期间并扩大试点范围的通知》(以下简称"通知"),其中值得关注的两点规定是:

一、老年人住房反向抵押养老保险试点期间延长至2018年6月30日。

二、老年人住房反向抵押养老保险试点范围扩大至各直辖市、省会城市(自治区首府)、计划单列市,以及江苏省、浙江省、山东省和广东省的部分地级市。上述四省中,每省开展试点的地级市原则上不超过三个。

保监会要求各地保监局结合实际,遵循自愿参与原则,向保监会报备后开展试点。

此前,在2014年6月,保监会公布了《关于开展老年人住房反向抵押养老保险试点的指导意见》,时间自2014年7月1日至2016年6月30日。

也就是说,根据通知精神,"以房养老"保险试点的时间要再延长两年,试点城市也由目前的4个扩大至49个。

B　平均月领养老金8 000元

虽然"以房养老"保险试点推出已满两年,但首款也是目前市场唯一一款反向抵押保险产品《幸福房来宝老年人住房反向抵押养老保险（A 款）》获批上市销售的时间是 2015 年 3 月。那么，该产品投放市场一年多后，市场反应和接受情况如何？

目前唯一一家开展此项业务的保险公司幸福人寿有关人士 15 日向羊城晚报记者介绍了有关情况：

2015 年 4 月 29 日，经过房产评估、律师尽职调查等流程后，幸福人寿"房来宝"首批五张保单全部承保。2015 年 6 月 12 日，国内首批投保客户通过"以房养老"开始领取养老金。截至 2016 年 6 月 30 日，共有 60 户 78 人投保幸福人寿"房来宝"。

从区域来看，一线城市（北上广）相较于二线城市（武汉）对该产品的需求更显著、认知度更高；从家庭构成来看，无子女家庭老人占到 40%，主要是孤寡、失独老人；从年龄来看，平均年龄为 73 岁，年龄最大的 85 岁；从房产评估价值来看，200 万～300 万元区间居多，价值最高的房产位于上海，最低的在武汉；从月领养老金来看，以月领养老金 5 000 元～10 000 元居多，平均为 8 000 元。

广州作为先行四个试点城市之一，试点情况又如何？从 2015 年 3 月幸福人寿"房来宝"获批至 2016 年 6 月末，广州共有 16 户 20 人投保，其中 4 户孤寡老人、1 户失独老人、1 户空巢老人；月领养老金最高 15 327 元，平均 6 412 元。

C 保监会称：参保老人高度评价

对于"以房养老"保险试点目前取得的成效，保监会认为，

"以房养老"是一个小众业务,试点的目的,是发挥保险特长,填补市场空白,为拥有房产且能自主支配房产的特定老年群体增加一种养老选择,为老年人提出了一个新的养老解决方案,满足了老年人希望居家养老、增加养老收入、长期终身领取养老金的三大核心需求。

保监会介绍,从试点情况看,此项业务有效提高了老年人的可支配收入,显著提升了参保老人的养老水平,获得了参保老人的高度评价。

D　最大挑战: 传统观念和楼市波动

不过,作为一项广受关注的创新型小众业务,"以房养老"保险试点自推出以来,明显遇到了传统观念、政策环境、市场环境等方面的问题和挑战。目前业内普遍认为,其中最大的挑战是国人对养老和房产传承的传统观念及未来楼市价格波动对房产估价的影响。

保监会15日也坦承:由于这项业务流程复杂,存续期长,涉及房地产、金融、财税等多个领域,除传统保险业务需要应对的长寿风险和利率风险外,还增加了房地产市场波动风险、房产处置风险、法律风险等,特别是法律法规尚不健全,政策基础仍较为薄弱,业务流程管理和风险管控难度较大等问题。所以,才有必要通过延长试点期间、扩大试点范围的方式,探索有效路径。(严丽梅　实习生　王丽萍　何嘉淇)

三、小结

　　本章研究了中国开展住房反向抵押贷款的背景、历程和现状。随着中国社会老龄化程度的加深，现行社会养老保障制度以及传统家庭养老模式，已难以应对日益严重的老龄化危机，探索适合中国国情的新型养老模式势在必行。住房反向抵押贷款产品的推出是对养老模式的创新，它可以使老年人以后不用依靠子女就能老有所依，有效实现老年人"居家养老、增加收入、终身领取"的"以房养老"理念。

第十章　影响中国老年人参与住房反向抵押贷款的因素分析

2012 年,清华大学中国保险与风险管理研究中心对北京市 800 个老年家庭进行了一次关于住房反向抵押贷款相关问题的问卷调查。从其结果来看,很大一部分退休职工家庭收入依旧在低水平徘徊,超过一半受访者每月平均收入只能到一千至三千元人民币,很多老年人都表示希望能够采取某些方式来增加收入。与此同时,调查也发现基本上所有老年人均持有房产,而且都价值不菲。被调查者中,有近 10% 的人明确地表达了自身对住房反向抵押贷款这一"以房养老"模式有浓厚兴趣。从调查结果中几乎能够肯定住房反向抵押贷款有着巨大前景,因为中国很多老年人均具备"以房养老"之客观条件及意愿。[①]

2015 年,中新网房产频道针对现实情况,专门进行了一项关于住房反向抵押贷款之调查,但是结果却不容乐观,因为对该

[①] 黄民安.发展住房反抵押市场对我国居民和社会福利的影响[D].清华大学,2013.

政策持否定态度者为 57.1％，[①]显然比看好的人高出很多。与此同时，数字 100 市场研究公司也针对这一情况重新进行了调查工作，得出的结果也与上述数据相差不大。由中新网房产频道所得到的数据来看，很多人都认为"以房养老"是一种积极措施，有 36％的人觉得该方式能够拓宽养老资金的来源，而 23％的人支持此举是因为其能够减轻子女的生活压力。此外，还有人认为这种方式可以"缓解社会经济压力"，并且极大程度地"避免房产遗产纠纷"。其他机构所得出的统计结果与之类似，故不再赘述。

在参加住房反向抵押贷款顾虑方面，根据中新网房产频道所公布之数据，有大约 32.4％的受访者觉得倘若房价有所增加，则这些选择"以房养老"这一方式的人的利益将受到损害。而 31.3％的人却持不同观点，觉得房屋评估并不规范，这种顾虑在现阶段明显是多余的。除此之外，大约 26.7％的受访者考虑到金融机构业务在现阶段还存在一定问题，所以很多条款及执行方面必然难以规避漏洞，所以对这一政策持观望态度。数字 100 市场研究公司也得出了类似结论，即民众最关心的还是房价及其评估是否成熟。[②]

针对"现阶段制约以房养老推进主要因素是什么"这个具体问题，在中新网房产频道调查结果中能够发现很多人得出的不

---

① "以房养老"试点一年公众不买账　老人们在顾虑什么？新华网，2015 年 8 月 4 日，http://finance.chinanews.com/house/2015/08 - 04/7446542.shtml.

② 对以房养老的民间调查.《中国民政》，2015.

同结论。具体来看,认为是中国人根深蒂固的观念,认为现阶段金融业务及机制尚未成熟和从政策角度来加以考虑,认为"以房养老"不能惠及全社会的人约各占 1/3。[①]

从市场调查可以看出,中国推行住房反向抵押贷款确实有一定的市场,同时也有一些负面因素影响住房反向抵押贷款的推广发展。本章详细分析影响老年人参与住房反向抵押贷款的各个因素。

一、影响住房反向抵押贷款需求的正相关因素分析

一个需求市场的形成至少要包含三个要素,即人口、购买力和购买意向,只要当三个要素同时具备时,这个市场才是充满活力的显性市场,否则就是受限制的隐性市场。

针对住房反向抵押贷款的需求市场,三要素可以转化成:人口要素就是老年人的基数;购买力要素就是老年人必须要有自己的住房才可以参加住房反向抵押贷款;购买意向要素就是老年人参与住房反向抵押贷款的意愿。

(一) 人口要素

关于老年人的人口基数和老年人面临的巨大养老压力,本书已经在第三章第一节详细分析,此处不再重复。本书认为,空巢老年人和失独老年人是中国住房反向抵押贷款开展初期,较为适合的服务对象。

---

① 对以房养老的民间调查.《中国民政》,2015.

由于中国经济发展水平一直都有着不均衡之弊端，所以很多年轻人都被吸引到沿海发达地区去打拼、工作，这种情况下就会使得很多空巢老年人出现。中央民族大学在 2009 年对北京市城区独生子女家庭养老问题进行了走访调查，调查组调研了 1 720 位空巢一人、生活半自理的独生子女父母，其中选择雇保姆、居家养老方式的老年人数量最多，有 414 人，占 24.1%。另据对 1 728 位生活不能自理的老年人的调查结果显示，他们主要选择住进养老院，但也有 11.2% 的人选择雇保姆、居家养老。① 因此，空巢老年人中，生活不能自理或半自理的老年人对雇佣保姆的需求很大。住房反向抵押贷款可以为这些老年人雇佣保姆提供经济上的支持。

中国现阶段已经有了一定数量的失独家庭，这些人今后的养老问题也需要政府来加以协助。同样，中央民族大学 2009 年对北京市城区独生子女家庭养老问题作了调查，走访了 91 户独生子女死亡家庭（一家母亲，一家父亲，空巢一人家庭例外）。调查数据显示，在 91 位独生子女父母中，68 位看病支出不断增加，生活拮据，处于因病致贫状态，同时 45 位经济收入低，生活非常困难。② 与独生子女正常或伤残家庭相比较，独生子女死亡家庭的养老方面的经济需求更强烈。而且，失独老年人没有需要把住房遗赠给子女的问题，在此情况下，住房反向抵押贷款就能发挥十分重要的作用，不仅可以充分地利用其房屋价值，同

① 赵仲杰.北京城区独生子女家庭的养老问题研究[M].知识产权出版社,2012.
② 赵仲杰.北京城区独生子女家庭的养老问题研究[M].知识产权出版社,2012.

时亦可使养老资金有所增加,在解决社会问题的同时,拉动经济发展。

(二) 购买力要素

由于住房商品化程度逐步加深,所以现实生活中住房拥有率也不断增加。2012 年西南财经大学中国家庭金融调查与研究中心发布了《中国家庭金融调查报告》。这一文件囊括了全国25 个省份当中总共 8 438 户家庭之具体情况,可以说其有一定代表性。报告数据显示,中国家庭自有住房拥有率高达 89.68%;如果仅仅看城市居民,则这一范围内自有住房拥有率为 85.39%。城市居民的住房拥有率大幅度提高,且近年来住房的价格不断上涨,住房资产不断升值,对于很多城市居民而言,住房必然是其最具价值的固定资产,在这种环境下,住房抵押贷款有了一个很好的发展时机。

实际上,由于受传统储蓄观念影响,很多老年人手里都会存下一笔"养老钱",这些资金足以让他们购买房产,可是对于很多省吃俭用的老年人而言,他们实际上并不敢进行太过冒险的投资活动,所以购房这一意愿往往难以付诸实践,尤其是买房之后就不再拥有可自由流动的资金,这让很多老年人进退两难。这种背景下,住房反向抵押贷款的方式不仅能够使得老年人可以有新居舒舒服服地安度晚年,同时其倘若有了资金需要,房产的变现也较为容易,故这些有购房需求的老年人对住房反向抵押贷款会有一定的需求。

（三）购买意向要素

1. 老年人增进生命周期内福利水平的需求

凭借住房反向抵押贷款这一方式，老年人能够将自己所能获得的物质享受最大化，将其身后房产价值提前用于生活消费。

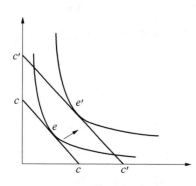

图 10-1　住房反向抵押贷款下老年人增进生命周期内福利需求的模型

数据来源：柴效武,余中国. 住房养老保险模式及其微观经济效应分析[J]. 人口与经济,2004(3).

浙江大学柴效武教授（2004）构建了住房反向抵押贷款下老年人增进生命周期内福利需求的模型。如图 10-1，借助效用曲线来加以分析，倘若当老年人未购买住房养老保险时期可支配收入水平是 cc，并且其同效用无差异曲线相切于 e 点，那么该点就代表老年人在 cc 前提下能够获得的最高福利水准。但倘若其进行投保，因为保险公司会依照房产净值按月给投保人一定现金，这将使得其能够使用的资金大大增加，此时其收入水平将向外移动至 c'c'，并且同效用无差异曲线相切于 e' 点，此时意味着新的交点 e' 才代表福利水平最大化。从这种假设当中很容易看出老年人参加住房反向抵押贷款后福利水平有所提高。[1]

---

[1]　柴效武,余中国.住房养老保险模式及其微观经济效应分析[J]. 人口与经济,2004(3).

因此,老年人增进生命周期内福利水平的愿望和其对住房反向抵押贷款的需求呈正相关性。

2. 老年人增加现期消费的需求

参考生命周期理论观点,人生能够被简单地划分为工作及退休两个阶段,并且很显然其收入大多是在工作阶段所累积得来。实际上很多人在工作时期就会为今后作出打算,即采取各种方式来预留一些资金以供养老。这种行为必然会使得人们在工作时期不能随意消费。换言之,由于对未来收入及消费难以确定,所以很多人都会先主动地抑制自身消费欲望,节衣缩食地为以后作好充足准备,以防出现"坐吃山空"之情形。但是这种做法显然不利于刺激经济增长,同时也会使得人们生活水平一直在较低水平徘徊。此时住房反向抵押贷款就能够迎合上述两点需要,一方面使得人们对退休后所得资金有更为清楚之预期,从而能够明确自己现阶段应该存多少钱合适,与此同时这一政策也会让养老期间收入增加,这样就会让很多人在工作期间有更多闲钱去进行消费。另一方面,此时由于人们养老压力有所缓解,很多人会选择将资金用于消费以提高自身生活水平,这对于整个国民经济而言有着极强的促进作用。值得注意的是,如果人们将"多出来"的资金用于购房,将能够极大地提高自己的生活水平,并且在退休之后还可以利用该房产来协助养老。这显然是一举两得的好政策,故可以吸引很多客户,从而促进居民消费水平的提高。

浙江大学柴效武教授(2004)构建了住房反向抵押贷款情况

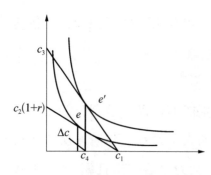

图 10 - 2　住房反向抵押贷款情况下,老年人增进现期消费的需求

数据来源：柴效武,余中国.住房养老保险模式及其微观经济效应分析[J]. 人口与经济,2004(3).

下,老年人增进现期消费的需求模型。如图 10 - 2,采取效用理论来阐述上述问题,倘若人们有现期及未来两种消费类型,把前者设为 c_1,假如当事人不进行投保,则应当将后者即 c_2 部分进行储蓄以备将来养老需要,此时银行利率是 r,可以推算出 c_2 远期价值等于（$1+r$）,同时 e 点则为效用最大化均衡点。假如当事人选择投保来进行理财,则将每期收入设置为 c_3,此时预算约束线绕 c_1 点右旋到 c_1c_3,e' 点是均衡点,对应现期消费值为 c_4,此时消费变多了,为 $c_4-c_1+c_2$。[1]

因此,老年人增加现期消费的愿望和其对住房反向抵押贷款的需求呈正相关性。

3. 老年人减轻子女养老负担的愿望

第一章当中已经就老年人收入情况进行了详细阐述,指出现阶段其主要还是依靠自己劳动所得以及亲属等提供帮助,社会保障并没有占到很多比重。与此同时,由于中国社会结构已经悄然发生了重大变化,由于独生子女政策实施已久,很多家庭已经演变成"四二一"形式。这种倒金字塔结构隐藏着巨大社会

---

[1]　柴效武,余中国. 住房养老保险模式及其微观经济效应分析[J]. 人口与经济,2004(3).

问题,首先就是会导致赡养老年人负担十分沉重。由于民众生活方式以及价值观念在不断地更新,原本顺理成章的"养儿防老"等老观念现在已经逐步被人们所摒弃。甚至很多子女并不会去继承父母房产,此时养儿防老也就失去了其存在意义。现阶段,虽然已经有了五花八门的商业保险以及社会养老体系,但是推行并不顺畅,养老体系还是会受到资金短缺之困扰。所以,此时开展住房反向抵押贷款不仅能够迎合现阶段养老观念变动,同时也能够促使家庭养老模式往好的方向发展。除此之外,住房反向抵押贷款在农村养老体制下有积极意义,因为受限于地理、经济等因素,现阶段农村社保养老依旧还处于起步阶段,很多制度及措施都还没有能真正地投入实践,所以农民养老问题已经逐步演变成一个重要社会热点。客观来说,中国农村地区几乎还在依靠"养儿防老"这种模式,不仅给民众带来较大负担,同时其效果也不尽如人意。农民大多有自己的住房。所以现阶段相关部门应当意识到农村地区有着广泛市场前景,参加住房反向抵押贷款对于很多农民而言不仅可以增加其实际收入,同时亦可缓解养老压力。

4. 老年人对居家养老的偏好

英国率先发明了居家养老这种新模式,其最初目的是为了充分借助社会力量来完善这一领域。这种制度在20世纪70年代被中国香港引进,并且取得了一定效果。具体来看,其主要内容是鼓励老年人留在社区生活从而能够使得资源合理配置。根据中国学者之观点,所谓居家养老,主要还是借助家庭之力量,同时依托社会,使得各方共同参与从而构建成一种多元养老体系。其服务主要以社区为单位,并同时具备了服务主体多元化、对象公众化、服务类型多样化及队伍专业化等特征,并且其选择权归于老年人本身。其可以根据自身具体情况来决定到底选择哪一种养老方式。通过参考社会各个阶段具体情况,很多学者对各种养老模式效果、成本进行比较,并认为现阶段下居家养老是最佳选择。具体来看,韦璞(2006)以 2003 年中国城乡老年人口抽样调查数据为基础来展开研究,并仔细地对比城乡老年人在养老方式上的不同之处,根据其观点,很多城市老年人主要是依靠养老金,而农村地区由于这项制度并不完善,所以老年人更倾向于子女养老。但是如果从居住方式来看,大家均更喜欢居家养老这种形式,与此同时愿意与子女同住的老年人还是以农村居多。王跃生(2012)以 2010 年各个省区调查的数据为基础,分析得出,城市的老年人越来越多的独立居住,对社会养老服务需求开始增多。而且从经济的角度来看,居家养老可以利用家庭已有的设施资源养老,不失为一种减低养老成本的养老办法,通过大力发展社区服务,可为居家养老提供全方位、全面的服务。

　　现阶段家庭养老主要是通过家庭收入得以实现,这强调的是子女对父母进行赡养。可是由于现阶段家庭规模逐步缩小,所以这种方式已经不能够满足养老需求,此时很多人就会转而依靠养老保险金,这就要求社会进一步参与其中,分担部分养老义务及风险从而保障社会公平。即使社会养老发挥的作用越来越大,并且能够使得资源合理再分配,可其不能完全取代家庭养老之地位,因为对于老年人而言,其不仅需要物质上的保障,同时亦需要有亲人陪伴。在这种要求之下,居家养老显然是不二之选。其不仅可以让老年人享受到家庭温暖,同时也能得到社会供养,从而保障其生活质量。从全世界范围来看,居家养老已经成为很多人接受的模式。住房反向抵押贷款满足了老年人住在自己家里养老的愿望,同时还引进了社会资本和社会养老服务,是一种与居家养老契合度很高的形式。所以,居家养老受欢迎程度越高,则相应地导致住房反向抵押贷款之需求越大。

二、制约住房反向抵押贷款需求的相关因素分析

住房反向抵押贷款的需求方均为老年人,在推行住房反向抵押贷款时老年人往往会考虑如下因素。

(一) 个人因素制约

1. 老年人遗赠愿望和子女的态度

在中国传统文化的影响下,老年人一般都会希望能将房屋等作为遗产留给子女以改善子女生活,因此他们的效用不仅与自身的可消费额度有关,还与子女拥有的资产量有关。将房屋留给子女能使老年人的效用增加,而且他们的遗赠动机越强烈,遗赠行为所带来的效用就越大。一旦遗赠动机强度达到一定程度,就会使得参与住房反向抵押贷款后的整体效用反而小于未参与之前的效用。而另一方面,由于很多子女都会在父母百年之后继承其房产,所以人们在决定是否参加住房反向抵押贷款

时也必然会考虑这一因素。"养儿防老"的传统观念在中国大部分家庭根深蒂固，而且子女孝敬老年人、赡养老年人本身也是当代社会的公序良俗和法律的相关要求。但是，子女赡养孝敬老年人的积极性也受到遗产继承的影响，除了以房养老外，中新网房产频道的调查结果显示，很多人会选择"养老子女继承房屋"以及"卖大房后买小房，使用其所得差价来养老"这两种方式，其分别达到受访者总数的 27.3％以及 25.3％，同时数字 100 市场研究公司所反馈的信息也几乎如此。① 而就"现阶段制约以房养老推进之主要干扰是什么"这一问题上，超过 30％的人觉得首要原因在于根深蒂固的传统观念。遗赠的愿望不仅仅流行于中国，受中国传统影响较深的其他亚洲国家和地区的老年人也普遍有较强烈的遗赠愿望，但同时也由于新生代思想的进一步开放，不少老年人及其子女也越来越能接受住房反向抵押贷款。韩国的 Ilho YOO 和 Inhyouk KOO(2008)以韩国为样本调查研究了该国子女对父母参与住房反向抵押贷款的态度。研究显示，大都会区和首尔江北区更容易接受父母申请住房反向抵押贷款；相比之下，首尔江南区的年轻人对遗产的继承愿望以及父母辈的受教育程度都会对接受住房反向抵押贷款有负面作用。

　　房睿(2009)构建了老年人遗赠愿望和住房反向抵押贷款需求的微观经济学模型。如果站在经济学角度来进行研究，很容易发现老年人凭借住房反向抵押贷款这一行为能够极大地提高

---

① "以房养老"试点一年公众不买账　老人们在顾虑什么？新华网，2015 年 8 月 4 日，http：//finance.chinanews.com/house/2015/08 - 04/7446542.shtml.

其收入水平,使得其养老资金总额有所增加,如果老年人能够将这笔资金用于消费,则能够让其安享晚年。

如果老年人受到传统观念影响较大时,其应当会更加在意子女的经济状况。所以其对传统观念之接受程度,将在模型中表现为不一样的效用函数。在老年人重视子女经济状况的情况下,其无差异曲线就会趋于平缓。如果保持其他条件不发生变化,则其"需求区域"就会缩小,同时老年人之消费需求就会相对较低。反之,倘若老年人受到传统观念影响不深,则他们会更加关心自己的生活水准,此时去进行住房反向抵押贷款的可能性就越大。①

因此,遗赠愿望和子女的态度与老年人对住房反向抵押贷款的需求呈负相关性。

2. 寿命的不确定性风险

这种风险往往存在于借款人要求年金支付方式时才会明显存在。换言之,如果老年人实际寿命并不如其预先设想的那么高,则很有可能还没有"享受"完其房屋价值。显而易见,如果老年人对自身情况没有清楚了解时,就有可能要承受这种风险。

多数老年人都是风险厌恶性偏好,由于不能确定自己能活足够长的时间以从贷款机构拿到更多的钱,很多老年人在参加住房反向抵押贷款时非常犹豫,他们往往宁可选择保守的办法,即不参加住房反向抵押贷款。因此,寿命的不确定性与老年人

---

① 房睿.住房反向抵押贷款需求的经济学分析[J]. 当代经济,2009(10).

对住房反向抵押贷款的需求呈反向相关性。

(二) 市场风险制约

1. 信息不对称风险

信息不对称风险，往往是因为一些老年人根本不清楚住房反向抵押贷款的具体情况及原理而导致的。换言之，有些人根本尚未理解这种政策之原理，不知道其房屋具体应当如何计算金额以及时间等就匆忙地作出决定，之后又会感觉到不合适或者后悔。因为这种原因，实际上贷款机构应当做好告知工作，以免出现上述问题。

人们对产品知识了解的平均水平很低，所以产品的需求不足是因为有限的知识和对产品的误解。那些最有可能受益于住房反向抵押贷款的住房拥有者应该更需要该产品，但他们对该产品却没有足够的了解。他们可能是因为没有得到完全的信息，或者不合理地高估了其他退休后的金融选项。

2. 分期付款风险

实际上这一风险同上文寿命不确定性风险有着类似原理。即如果借款人选择年金支付，则意味着在余生其可以每年得到一笔固定财富，但是如果其去世时间早于预期寿命，则会造成损失。因此在决定是否进行住房反向抵押贷款时，老年人首先要仔细考虑自己的身体状况，同时也要充分地考虑到底选择哪种方式来进行支付。国外住房反向抵押贷款付款方式的多元化很好地解决了这个问题，比如其能够把房屋净值转化为几个部分，一些资金按年收取，而剩下的则一次性支付。这样就能够将这类风险大大降低,同时也保留了一笔固定资金以便应对可能出现的医疗需求,亦可作为遗产留给子女。

3. 贷款机构破产风险

对于借款方而言,如果其已经进行了住房反向抵押贷款,而贷款机构却出现纰漏,比如申请破产等,将会给借款方带来很大风险。当然,这对于那些选择一次性支付方案的人而言并不用担心,可是如果选择了年金支付,就要考虑到这一问题。所以在进行贷款之前,老年人需要综合考虑、分析贷款机构信用及资产情况,从而尽可能地减少这种危险。但老年人的这种评判能力十分有限,这会影响到他们对住房反向抵押贷款的需求。

(三) 社会政策风险制约

1. 税务风险

这一风险主要是从政策方面加以考虑。由于税务与转让政策会指导甚至决定住房反向抵押贷款的具体实施,并且首当其冲受到影响的必然是借款人,所以此类风险在实际当中必须充分考虑。举例说明,倘若资本收益要被征税,如果当事人出售自己房屋,理应按照规定进行缴税,但倘若其同时已经有了住房反向抵押贷款,而且其能从中获得之金额还没有其负债高时,是否还应当缴纳税款的问题尚未有政策能明确。除此之外,倘若根据税务政策,住房反向抵押贷款行为被视为出售,那此时就必须进行缴税,对于借款人而言其必须承受之负担就大大增加。所以,实际中此类风险会对住房反向抵押贷款的需求造成负面影响。

2. 社会福利风险

此类风险有着自身独特的对象。社会福利救助补贴政策往往是要求居民的收入一定要低于某个具体水平。在社会保障体系中，最低生活保障制度是实现社会救助的重要内容，是保证社会全体人员基本生活的有效屏障，有利于社会稳定、和谐发展。如果人均收入明显地少于地方所制定之最低标准，并且这些家庭未能享受到其他保障制度，或者是从中所得资金难以维持生活，那么此时这些家庭就有资格每月领取一笔基本生活保障金。因为很多老年人虽然持有房屋，但是其他收入来源很少，此时如果符合规定，则其能够享受到政府提供的最低生活保障。但如果老年人想要增加自身收入以便得到更好的生活条件，也可以选择住房反向抵押贷款。但是，由此所得资金的性质的界定尚未明确。如果把其认为是一种收入，则很有可能使得当事人总收入高过了获取补助之要求，从而丧失了获取政府补贴之机会，这样一来，住房反向抵押贷款能不能提高其生活水平就难以确定了。

住房反向抵押贷款能增强最低生活保障制度的支助力度，但同最低生活保障制度之间有着明显矛盾之处。《城市居民最低生活保障条例》(1999)是中国目前实行这一政策的主要法律规定，其中虽然没有明确规定哪些人群不适用最低生活保障制度，但规定各地方人民政府可以根据自己的经济发展水平制定最低生活保障办法，这些办法几乎是无一例外地规定将处置家庭财产所得的收入计算为家庭收益。《城市居民最低生活保障条例》(1999)当中对这一问题有着明确规定,具体为如果一起居住、生活的所有家庭成员收入人均下来不足最低生活保障标准规定时,才能获得相应救助。福利分房制度使得许多人在拥有住房的同时获得最低生活保障补贴,如果他们的房屋进行了反向抵押,此时能够额外获取的收入会使得其不再符合给予最低生活保障之要求,此时若参加住房反向抵押贷款,这些老年人必须放弃或失去这一项权利,这将成为住房反向抵押贷款推广的不利因素。

三、影响住房反向抵押贷款供给的正相关因素分析

(一) 供给主体的自身优势

1. 保险公司

根据中国保监会的政策,现行住房反向抵押贷款的开展机构是保险公司。

(1) 保险公司在资产规模和资产流动性上具有优势

住房反向抵押贷款业务不但期限长而且风险种类繁多;不但现金流出量大、需要长期支付,而且款项或住宅的收回需要在十几年乃至数十年后才能实现,上述问题要求住房反向抵押贷款的贷款机构资产流动性低并且回收期长,这就对住房反向抵押贷款的开办机构提出了要求:一是此业务的开办机构必须是能够大规模运营该项业务的机构,需要拥有巨额的资金即具备支付贷款金额的实力;二是要求提供住房反向抵押贷款的机构的负债期限足够长,资产和负债的期限要尽可能匹配,这样才有

利于降低风险且这些资金都具有长期性,支付大多发生在十年之后,负债的期限相对较长。

以目前中国金融机构的实际状况来看,保险公司作为住房反向抵押贷款的供给主体,不但具备相应的资金实力,且这些资金都具有长期性,支付大多发生在十年之后,负债的期限相对较长。

(2) 保险公司在业务管理上具有优势

保险公司经营的是风险,将风险带来的不确定性转化为确定的经济价格,为社会和公众提供经济保障,稳定社会生产和人民生活秩序,这是保险区别于其他金融机构的根本特性。住房反向抵押贷款在本质上是一种年金形式的"寿险产品",以产权独立的房产为保险标的,以低收入老年人为投保人,将老年人的房产转化为保险年金或其他保险收入的形式。因此,保险公司在制定住房反向抵押贷款的合同条款时,完全可以参照其他寿险产品的相应条款,再根据住房反向抵押贷款特有的属性加以修改。另外,保险公司留有大量寿险产品投保人的基本资料和诸如身体状况、信用度等基本信息,鉴于对寿险产品的认同度,住房反向抵押贷款客户往往就是保险公司的原有客户,这就免去了保险公司重新搜集住房反向抵押贷款客户相关资料的成本。

(3) 保险公司在产品设计和定价上具有优势

保险产品的定价是以概率论与数理统计为基础的,各险种的经营和定价都遵循大数定律。住房反向抵押贷款可以看作是一种寿险产品,即房屋所有者以远期的房屋所有权充当保费来购买人寿保险,由保险公司向房屋所有者提供定期现金流的一种产品。这项业务同样需要用寿险精算方法进行定价。保险公司拥有大量的精算人才并设有专门的精算部门,具有成熟的寿险精算模型,因此保险公司在产品定价方面具有更大的优势。另外,该项产品在设计时需要考虑申请人的预期寿命因素,但由于信息不对称,老年人在购买住房反向抵押贷款产品时存在逆向选择,若采用普通的生命表则无法准确测算出老年人的预期寿命,从而导致长寿风险。采用保险公司精算部门得出的寿险生命表则可以有效避免这一问题。

综上所述,保险机构已经初步具备了开办住房反向抵押贷款的可行性,同时该项业务的推行还将促进中国保险业不断发展。

2. 银行

银行在国外住房反向抵押贷款模式中扮演了很重要的角色。如本书第三部分所论述,在中国,银行也曾经开展过住房反向抵押贷款业务。但目前,中国保监会关于住房反向抵押贷款的业务指引只是针对保险公司。由于中国金融的分业监管,因此保监会的政策并不是也不能限制银行开展住房反向抵押贷款业务。银行的许多特点都适合其开展住房反向抵押贷款。

(1)商业银行资金充足

商业银行的资金渠道众多,融资最为便利,是最容易弥补住房反向抵押贷款合约执行期内净资金流出大、收益回收期长的缺点的业务供给机构。

(2) 商业银行与房地产企业关系密切

房产贷款业务一直以来都是由商业银行提供,相应的,商业银行对于房地产市场较为了解,对于开发与房地产挂钩的金融产品具有较为丰富的经验,且对于房产估价及房产流转问题也并不陌生。

(3) 商业银行有大量网点,分布广泛,能够有效降低住房反向抵押贷款的推广成本。

在美国,住房反向抵押贷款业务的推广,社区银行承担了很多责任,社区银行具有充分了解所在社区基本情况的优势,能够基本了解老年申请者的经济、健康及家庭关系状况等,这些都对于银行风险控制、产品定价具有重大意义。同时,社区银行也有利于从业人员及时与老年人面对面交流,提供优质的咨询服务,促进该项业务的普及,并保证消费者的利益。而目前中国社区银行也正在建设当中,能够较好地借鉴美国的模式。

(二) 供给主体自身对优质资产的需求

金融机构往往都有较多的闲散资金,并且近年来这种趋势更加显著,这样也能让金融机构更加积极地开展住房反向抵押贷款业务。近些年,因为各项存款业务、国家外汇储备量、保险公司的收益得到很大的提升,这让社会的闲散资金也有了很大增长。金融机构的存贷款存在着较大的差异,依照中国人民银行所作的《2015 年金融统计数据报告》,2015 年年末金融机构的存款达到了 139.8 亿元,贷款有 99.4 万亿元,两者之间的差距有 40.4 亿元,占了存款余额的 28.9%。

与闲散资金的充裕相对应的却是市场上优质资产的缺乏。中国经济步入新常态后,经济增速逐渐趋缓,加上近年来货币政策宽松、利率走低的大环境下,银行、证券、信托、保险等可投资的优质资产变少,出现了所谓的"资产配置荒"。比较明显的是从 2015 年的股市震荡开始,大量资金从股市中撤离,市场上钱多了,然而优质项目却并没有增多。在理财产品收益率单边下跌、股市震荡、信托刚性兑付遭遇危机、P2P 跑路频发的大环境下,金融机构投资转型压力也在加大。

近年来,中国金融机构的存差还会继续加大。但是从利用资金的方向来看,因为投资渠道有限,资金的利用率和收取的利润率都不高。所以金融机构也急需开发新的业务来将资金利用率提高并争取获得更大收益,而对金融产品进行创新,将闲散的资金投资出去是一个很好的方法。发展住房反向抵押贷款业务正巧能实现这个目标,可以使金融机构发放更多的贷款,带来更多业务,从而获取更大收益。

具体来说,从保监会颁布的文件表明,中国当前主要由保险公司承担住房反向抵押贷款。中国的保险公司当前都有一个不可逾越的鸿沟,就是保险资金的出路比较单一,投入的资金并不能实现预期收益,保险资金如何分配面临很大问题。其中要求较严的分业经营政策是一个制约因素,还有因为随着市场化改革的不断加深,保险公司陷入了一种由负债端成本不断提升而资产端收益率逐渐下降所造成的格局。到 2015 年为止,大多数保险公司仍有 6%～8% 的负债成本,预计在 2016 年以后每年将有超过 4 万亿元的新增资金和到期资金,①现在看来,在收益率较低、资产不足的情况下,这些资金的投向很成问题。

因此,保险公司正在全力谋求新的投资方式,来保证获得更高的投资效益,把损耗降到最低。住房养老保险开辟以来,为保险资金的运营提供了一个新的方式,即"以险养险""以老养老""以房养房"。保险公司可以利用自身的内部优势,将资金更多地投资在住房养老保险上,从而开辟新的投资途径,在未来的房地产市场上维持稳定的收益。

总体看来,金融机构参与到住房反向抵押贷款有很大的意义,不仅为此项目提供了稳定的资金来源,还能完善其自身的发展。现在,中国各个商业银行、保险公司等金融机构正在进行各种不同的业务拓展,由于住房反向抵押贷款模式的实施会得到政府的支持和保护,这就使得风险大大减小,促进银行、保险的健康稳定发展,降低不良贷款率,从而将会得到各个银行的支持与参与。并且,住房反向抵押贷款是以房子为基础的新兴养老模式,它和社会养老保险一样都是为老年人服务的措施,能有效解决老年人的养老问题,开办机构肯定会在社会上获得良好的口碑,而这对其开展其他业务也起到了很好的促进作用。可以看出,住房反向抵押贷款可以为金融机构带来许多好处,在替政

① 中国保险资产管理业协会.《2015 年中国保险资产管理发展报告》,2016 年 3 月 30 日,http://www.iamac.org.cn/xhgz/201603/t20160330_3018.html.

府分担压力的同时还能使金融机构改善经营方式,做到经营业务的多元化,这样金融机构的社会责任和盈利目标就会没有冲突,能够紧密地结合在一起。

(三) 二手房交易市场的发展

中国目前的城镇化水平发展较为迅速,中小城市主要以外延式的新区建设方式进行扩张,商品房的交易率在总交易结构中所占比例较大,而二手房的交易率较低。然而当城镇化发展到更高的水平之后,城市发展将主要会以内涵式的更新改造方式进行,而且随着房价的逐渐上升,许多中低阶层收入的群众会选择购买二手房,因此二手房的交易率会逐渐上升,二手房市场将更加活跃。伴随着住房越来越商品化的进程,许多商品房也会作为二手房进行出售并且是二手房交易中重要的一部分,那么二手房市场也会更加活跃。二手房进行交易的程序也会随之变得简易,降低交易成本,二手房市场会更加成熟。

而发展住房反向抵押贷款业务就是希望有一个交易率高,成本低,交易程序简单的二手房市场。利用二手房市场,贷款机构用住房反向抵押贷款的方式将住房收回折成现金,使住房资产充分活跃,获取其中的利益。而假如二手房市场交易率高,较活跃,就会使贷款机构能更积极主动地开展住房反向抵押贷款的业务。反而,若二手房市场不够活跃,贷款机构很难将抵押的房屋出售获取收益,那么贷款机构会积压过多的房产,造成很大的风险,贷款机构也无法积极地开展此业务。因此,一个成熟的二手房市场为住房反向抵押贷款提供了基本的市场条件,是金融机构进入住房反向抵押贷款市场的重要刺激因素。

四、制约住房反向抵押贷款供给的相关因素分析

（一）市场风险制约

大多数住房反向抵押贷款的利率是浮动的，一般以月或年为单位在基准利率的基础上进行调整，贷款直到贷款人死亡或搬出房屋时才会终止。贷款量积累增长的利率往往比房价上涨率要高。在贷款终止之前，一旦贷款的累计量超过房产的价值，贷款提供者开始损失。这被称作临界风险（crossover risk）。[①] 临界风险有着很重要之地位，其在住房反向抵押贷款当中会时常遇见。具体看其主要受三个因素之干扰，即：寿命、利率和房价。倘若某一时期利率升高，则会使得贷款本息有所提高，此时就会触发临界风险。除了这三个风险，本节还总结了住房反向抵押贷款供给负相关的其他因素，如道德风险、流动性风险、资产处置风险，等等。

1. 利率风险

利率风险相对较为复杂。具体来看，这类风险可以从不同环境，即固定利率及浮动利率贷款之下来进行分析。倘若处于固定利率条件下，则说明贷款机构不能自行规避由于利率调整而导致的住房反向抵押贷款资产价值波动。换言之，倘若市场

---

① Moulton S, Haurin D R, Shi W. An analysis of default risk in the Home Equity Conversion Mortgage (HECM) program [J]. *Journal of Urban Economics*, 2015(90).

利率增加,则会导致此项投资回报率降低。对于贷款机构而言,此时就意味着住房反向抵押贷款资产净值在减少。反之,如果选择浮动汇率制则能够很好地规避这一情况,但是这种方式亦会导致贷款机构不能确定资产在今后的发展趋势及其准确价值。

从贷款机构角度来分析,其投资的预期利息往往会被资本化,以便开展新的业务。所以,尽管利率变化微乎其微,但是长此以往对其计算预期投资回报率会造成很大影响。与此同时,因为利率增加将会使得借款方债务也有所提高,此时或许会导致资不抵债情况出现。

因为利率风险往往会受到国际、国内具体政策之影响,所以贷款机构作为个体几乎无法对其采取任何规避措施。在这种情况下,选择浮动汇率制,降低双方要承担之潜在风险,相对来说是借贷双方都比较能接受的选择。

2. 房价波动风险

通常情况下,房屋等建筑在经过长年日晒雨淋之后必然会有所折旧,这种现象十分正常,而其价值之所以会不断增加,主要原因在于土地升值。作为一种有限并且日益稀缺的资源,土地价值众所周知。具体而言,一般情况下时间越长,房产价值上涨就越多,可是另一方面也必须承认经济周期变动将会干扰到房产的具体价值。

2014年3月中国保监会为此起草的《征求意见稿》将住房反向抵押贷款分为参与型和非参与型两种。具体来看,前者主要形式为保险公司直接参与到享受房屋增值收益当中，并且对总增加金额根据合同来进行分配。而后者保险公司并不参与到此种活动中，如果房屋价值有所增加，那么所得利益全部归于保险受益人。上述两种情况均以房价的一定增长为前提，可是实际上房价情况并不乐观，无法准确预测其长期走势，一旦房价下跌，恐怕会给保险公司带来系统性风险，有悖保险公司稳健经营的基本方针，这正是保险公司持审慎观望态度的主要原因。

房价波动风险具体来看，可以将其区别为普遍波动风险以及个别波动风险两个类型。对于贷款机构来说，尽管房产价值到底是否增长及增加多少都很难预测，但是其想要盈利就必须基于房价来计算和体现。很显然，普遍房产的价值波动是其必须面对的一个难题。但房价波动风险不像其他寿险业务可以用"多数原理"来平摊。虽然对于保险机构而言，其能够持有很多类型、地段的住房反向抵押贷款资产，能够将这种风险在一定程度上平均分摊，可一旦出现大面积，比如全国甚至是全世界范围的经济下滑，此时其损失就难以避免。

保险公司在进行住房反向抵押贷款之前，往往会需要对特定房产进行估价，并且计算得出的价值一般会决定该贷款机构能够提供的资金总额。与此同时，借款方也会考虑到自持房产具备多大升值潜力，并且得出之结论也会影响其下一步行动。但实际当中有这样一种情况可能发生，即虽然房屋普遍增值，可是个别地段甚至某一具体房屋价值却在不断地降低。所以，房屋普遍升值率对单一房产到底有多大参考价值对贷款机构来说难以确定,如果出现特殊情况,往往会导致贷款机构遭受严重损失。

近年来尤其是 2015 年,中小城市的房价已经开始出现松动,而北京、上海、深圳等一线城市的房价在 2015 年下半年和 2016 年初出现了非理性的暴涨,有很多机构和学者认为一线城市的房价也有可能在未来几年出现泡沫破裂。对于贷款机构而言,此时如何准确地预测出房产价值就成为摆在眼前之现实但又不可能解决的一道难题。

从影响程度方面分析,房价波动对住房反向抵押贷款来说是一种影响程度很高的风险事件,主要是因为房价波动具有高损失和高概率的特性。

第一,房价波动属于一类高损失风险。虽然这 20 年来房价一直在持续增长,可是其速度却有着极大波动。1991~2015 年,中国房价的年增长率波动非常大,2008 年为 −1.6%,而 1993 年却接近 30%。虽然按 15 年平均增长率来看,其波动要平缓很多,但变动幅度也有 3% 左右,且呈缓慢向下的趋势。[①] 由于房价增长情况不稳定,甚至是毫无规律可循,这将使得金融机构难以准确地预测出其价格走向。国外的实证研究显示,房价年均增长率减少 1%,临界风险会提前 10 年左右来到。[②] 说明金融机构的盈亏很大程度上依赖住房反向抵押业务结束时的房价表现,一旦房地产市场出现了超过预期的大幅下

① 周海珍.住房反抵押贷款中的房价波动风险分析[J].特区经济,2014(3).
② 周海珍.住房反抵押贷款中的房价波动风险分析[J].特区经济,2014(3).

跌,金融机构将面临巨大的损失,严重时甚至导致破产,所以此种风险必然会导致极大损失。

第二,房价波动显然是一种高概率风险。房产价格的形成和波动与诸多社会经济因素相关,大致包括:其一,市场供求关系,人口数量的增长和城市化速度的加快会造成对房产需求的增加,从而提升房价;其二,房产周围的环境因素与房产自身的完善程度,周边环境越好,房产价值越高;其三,政策因素,国家出台的相关政策法规势必会对房地产价格的走势产生重要影响,有利的政策会使得房价持续稳定,可是相反,那些不利规定则会极大地干扰、阻碍房价上涨;其四,倘若从宏观经济走势角度来进行分析,可以发现房地产是一种关系到民生的重要产业,因此其价格波动情况,往往会同 GDP 呈现出十分明显的正相关联系。换言之,房价一定会同具体时间段内经济基本面周期性息息相关。可见房价波动受诸多因素的影响,而这些影响因素,特别是政策法规等因素的影响难以计量,因此金融机构很难准确预测房价的未来走势,这就意味着对房价的预期与实际情况常常会出现偏离,房价波动必然是一类高概率风险。

总之,无论房价如何波动都会对住房反向抵押贷款领域带来很严重之干扰,同时这种风险又几乎不可能被预测,不可能被规避。

3. 长寿风险

如果要计算选择住房反向抵押贷款后老年人所能从中获得的总金额,往往是要参考其房屋价值与某些系数之乘积,与此同时,如果想要知道每年能够获取多少金额,那么将上述金额除以投保人预期寿命即可。但是实际上贷款机构到底支付多少金额,往往决定因素在于借款方寿命长短。所以上述方式预测出来的结果往往会有所偏差,这种情况就会导致所谓的"长寿风险"。从贷款机构自身利益来加以考虑,其当然不愿意独自承担这类风险,而是更倾向于建立起所谓风险共同承担机制。具体看其操作原理为:贷款机构会根据实际寿命低于预期寿命这种情况中获得更多利润,并将此金额用于填补那些实际寿命过高而导致的亏损。但这种补偿显然难以长期维持,因为很有可能相对健康客户总数远远高于那些身体条件较差的人。此时就无法通过上述手段来保持所谓的平衡。

从住房反向抵押贷款的发展趋势来看,很有可能今后中国的商业银行亦会涉足这一行业并且希望从中获取利润。但是对于此类金融机构而言,其需要承担的风险也很多。最主要的就是期限错配的问题。具体来看,商业银行之所以具备大量资金来开展各项业务,其最重要之手段就是依靠储蓄,但是往往这种资金都是以活期或者短期形式得以留存,可住房反向抵押贷款势必会是一个长期过程,此时银行很有可能在某一时期出现金额短缺之情形,住房反向抵押贷款极大地增加了银行自身资金流通压力。除此之外,预期寿命的准确判断往往需要有专业技术支持,而商业银行无管理长期寿险风险的经验,加之房地产市场的多变,都会加剧住房反向抵押贷款养老保险的风险。基于这些现实原因,可以认为,长寿风险几乎不可能避免。

4. 道德和逆向选择风险

住房反向抵押贷款出现道德及逆向选择的原因主要在于，老年人能够在每年都领取到一定数额的养老资金，并且这笔数额往往会同最开始时所估计的老年人的预期寿命息息相关。通常情况下，存活寿命大体范围可以参考一个地区平均寿命作出判断，但同时也会同每个人具体生活条件、病史等原因息息相关。可是对于保险公司而言，其无法掌握全面信息。而老年人虽然能够对这类情况了解更为透彻，但其并不一定愿意将真实情况说出来。当然，贷款机构也可以采取一些实际措施，比如给老年人进行体检、查询其以往病例，甚至是到处走访以得出确切结论，但花费成本又极其昂贵。

一般寿险业务当中，很多老年人往往会极力证明自己身体健康，甚至有的人会为此去开具假证明以便能够顺利投保，之所以采取这些不良手段就是为了在自己身体欠佳时能够获得一大笔资金。而住房反向抵押贷款模式却会截然不同，尽管借款人还是会从自身利益出发进行掩饰，但此时的做法却与前述大相径庭，其更希望表现出自己身体不好，从而让贷款机构认为其剩余寿命较短，从而会在每年获取更多资金。

从保险公司经营具体情况来看，由于房价与贴现率已经基本确定，若老年人预期剩余的寿命较短，则其倾向于给予老年人较高的年金。如果老年人的寿命超过预期，保险公司还是不得不按照合同之约定继续支付上述资金。此时对于老年人而言极为有利，其能够从中获取更多利润，但相应地保险公司就必然要承受由此造成之巨额经济损失。

在这种道德风险存在的情形之下，借贷双方都会有所行动以期扩大自身利益。对于保险公司而言，其更愿意采取稳健策略，降低老年人寿命预估来降低自己的损失。老年人无法参与保险公司的决策，可其依旧能够参考保险公司的业务来自行决定是否进行此项业务。具体来看，那些身体较好并且自信能够从中获得超额利润的老年人往往更倾向于参与这项业务，而那些身体状况不佳的老年人在权衡之后则大多退出这一市场。此时由于要对身体状况作出一定评价，故必然会涉及健康状况披露之逆向选择。

除此之外，由于现阶段还没有特别专业的房地产评估机构，使得很多机构必须面临着较大的信息不对称之风险。同国外较早开展住房反向抵押贷款的国家相比，中国的房地产评估业服务质量不高，整体素质偏低，且评估过程不够规范。由于中国住房反向抵押贷款养老模式属于起步阶段，参与抵押的房产在贷款结束后真正入市进行交易的数量较少，因此无法为房地产评估机构提供较多的可比实例进行参考，这就加大了评估成本。从收费标准来看，各个评估机构的操作程序与收费标准差异也很大；一方面，贷款机构为了获得超额利润往往会凭借自身的实力优势，聘请与自己利益相关的评估机构从事抵押房产的评估业务，使房屋的估值低于市场的市值，严重损害借款人的利益；另一方面，房屋所有者也不会"按兵不动"，而是积极地通过信息优势来增加自身利益。例如房屋所有者会通过谎报房屋使用状况等方式来获取更高的借款额度，而损害贷款机构的利益。

5. 提前还款风险

提前偿付，顾名思义指代那些借款方在尚未到达合同约定还款期之时，出于某种原因就提前进行还款之行为。一般而言之所以会发生此种情况，主要有如下原因：一种是由于借款人从其他途径得到了较大资金，此时不再需要依靠贷款来继续某种活动，其往往会希望早日结束贷款行为；而第二种则主要是由于市场利率低于借贷合同约定的利率。实际上这种行为将会给金融机构带来很多负面影响，因为其不仅无法再获得原本合同规定之利息，同时还需要采取行动将提前收回之资金再次进行合理投资。

提前还款带来的风险并不会特别大。贷款机构必然要承受提前还款所带来的违约风险，但是这种损失实际是非常小的，其原因主要在于，住房反向抵押贷款将能够极大地优化资源配置过程，并且当其到期之后，往往实际获得之本息也无法超过那时房屋变现之实际价值。此外，诸多国外学者都作出大胆预测，认为将来利率以及房价波动率是导致借款人提前还款之关键原因。与此同时，他们使用随机模拟模型来进行分析，度量违约风险，并由此认为其影响范围及程度都不会很高，而且还由此构建出新终止率模型。

6. 资产处置风险

资产处置风险是指抵押物变现风险，指抵押权人在行使处置抵押房屋时，不能变现，或变现价值很低而给贷款机构带来的损失。

一旦住房反向抵押贷款合同到期,双方将会采取一定行动。对于贷款机构而言,其往往会对该房屋进行处理,通过拍卖等方式使得其变现,并且利用这笔资金来还清贷款。具体来看,借助公开拍卖这种形式,将利于贷款机构获得最大交换价值,并且这种市场竞价方式将更能保障公平,换言之,能够在非所有权人处分时还能够保证当事人利益不遭受损害。但是拍卖活动本身也会有很多不稳定因素,从而导致债权方面之风险。

首先,由于采取拍卖形式,所以委托方必然要承担起瑕疵担保责任,这亦是根据中国《拍卖法》所得出的结论。具体来看,之所以让贷款机构来负担此项风险,主要是担心拍卖过程当中信息公布不完整从而损害了竞买者知情权,也不利于整个拍卖活动的顺利进行。

其次,这一过程中很容易导致拍卖成交价不合理。因为房产实际价值通常难以确定,所以在进行拍卖时首先会采取评估定价之方式,这样才能够保障抵押物保留价格。但是拍卖方拥有这一权利,即确定其评估价位,如果有内部交易或者恶意串通等行为,往往会导致最终拍卖价格远远低于实际价值。如果贷款机构进行初步估计时不进行深思熟虑,很可能会引发价值偏差,将会使得最终成交价格显失公平。

再次,拍卖成功之后,往往要进行变现以及过户等各项活动。具体流程应当为:贷款机构先办理解押,其次必须积极配合买受方来办理过户。这一过程中贷款机构有着重大责任,故要求其必须在一开始就对是否能够变现、过户等情况作出准确判断。

最后，中国有些大城市还会实施商品房限购政策，使得贷款机构拍卖的交易对手范围大大缩小。

综上所述，虽然拍卖房屋是一种极佳的变现方式，并且能够最大限度地保障公平公开，可这一过程当中有太多主体参与其中，很多环节无法控制，从而使得贷款机构必须要承担很多责任，且往往其无法在这一过程中占据主导，因此常常会被迫陷入被动局面。若买卖完全由贷款机构处理，作为专业的金融机构，销售房产显然不是金融机构的专长，也不应该成为金融机构的一项重要业务。

7. 费用风险

中国想要推行这一项业务，对于贷款机构而言，其必须要承受很多前期费用之风险。

一是宣讲费用。由于很多老年人并不了解这项政策，所以贷款机构不得不进行大力宣传及耐心讲解，此将大大增加产品解读费用。而且广大老年人由于较难通过网络媒体等便捷的途径了解住房反向抵押贷款产品，所以，贷款机构的宣传推广过程还需要较多的人力资源，以便对老年人面对面地解释和说服。如果参考发达国家推行此项政策之实际经验，住房对于老年人而言有着十分重要之地位，所以是否将其用于抵押养老，很多人往往会犹豫不决，这还会对贷款机构产生更多的说服成本。

二是自身研究成本。贷款机构在参与制定住房反向抵押贷款相关法规、政策以及自身产品的条款的过程中,会产生一定的费用。一方面,住房反向抵押贷款的推广,不仅仅需要人力资源和社会保障部、银监会、保监会等政府部门制定相关政策,这些政府部门往往也会调动相关贷款机构来参与规则的制定;另一方面,贷款机构前期对自己未来发行的住房反向抵押贷款产品的要素进行研究,确定有效的市场运作方式。贷款机构承担前期费用的回报具有不确定性,住房反向抵押贷款若未能如期如愿成功推行,前期费用则就成为沉没成本,无法收回。

8. 流动性风险

流动性风险是指贷款机构所赚的金额不能填补挤兑带来的亏损风险。贷款机构根据合约在开展住房反向抵押贷款业务时,对借款人按时间开放,并获取房屋抵押。贷款机构虽然在名义上逐步获得了这些房产的所有权,但却因这些房产在合同有效期间仍然由借款人居住而无法变现。在合约期前,往往会带来流动性风险,同时还会引起该业务的资金出入量不平等。可见单纯依靠该业务自身的现金流是无法实现内部循环的,开办此项业务的金融机构最好能够通过其他业务获取巨额有效的长期资金来源,而且为提升住房反向抵押贷款的流动性,金融机构也需要采取一定的举措。

(二) 社会政策制约

1. 政策法规缺位

目前我国住房反向抵押贷款并未上升到一项重要的国家决策和制度安排。我国现阶段关于住房反向抵押贷款的规范性文件包括：一是 2013 年 9 月 14 日国务院下发的《关于加快发展养老服务业的若干意见》(国发〔2013〕35 号)；二是 2014 年 3 月保监会下发的《关于开展老年人住房反向抵押养老保险试点的指导意见(征求意见稿)》。当前，中国在政府层面上推进的以房养老，将住房反向抵押模式界定为养老保险的一种，对于银行等其他金融机构、社会组织能否开展住房反向抵押、以何种方式参与其中尚未作出规定。缺乏明确的政策法规依据和必要的配套制度措施，不仅使得公众对于住房反向抵押贷款顾虑重重，政府与市场主体之间的监管关系难以理顺，而且使得有意开展该项业务的金融机构、公积金管理中心等事业单位畏缩不前。[1]

2. 金融分业经营的局限

住房反向抵押贷款涉及银行、保险、房地产等行业。根据国外经验，这种模式运作的前提条件是，贷款机构实行混业经营，信贷、保险、证券等业务相互交叉。而中国目前还是金融分业经营，对发展这项业务还存在着一些法律、监管上的障碍。

中国目前在金融领域实行的是严格的分业经营、分业监管制度，无论从运营还是监管上，都对住房反向抵押贷款业务造成了制度上的障碍。从运营上看，分业经营制度使得住房反向抵押贷款业务需要的各个金融部门之间的配合难度增大，如住房反向抵押贷款业务回笼资金时必然涉及房产评估与销售，而针对银行，相关法律法规规定其资金不得直接参与房产投资，为规

---

[1] 樊纪明.住房反向抵押贷款的中国困境与发展方略[J]. 财会月刊,2014(20).

避该障碍,不得不引入中介或保险机构,变相增大了业务运营成本。从监管上看,例如,在保监会监管意见出台前,幸福人寿在试水"以房养老"业务时,就曾面临人民银行主管部门据政策规定,认为保险公司不得做按揭贷款业务的窘境。平级监管机构之间彼此掣肘,不能协调,也是 2014 年之前国内金融机构不断试水该项业务失败的症结之一。

3.房屋产权限制

房屋是住房反向抵押贷款的核心标的资产。在住房反向抵押贷款的房地产估价中,土地使用年限是一个重要指标。金融机构若开办住房反向抵押贷款业务,抵押房产的产权问题是一个重要限制。就所谓的"70 年产权"问题,《物权法》已经作出了初步的解决。据《中华人民共和国物权法》第一百四十九条:"住宅建设用地使用权期间届满的,自动续期。"尽管新的《物权法》已规定土地使用年限到期居住者可以继续居住,但未来如何收取土地使用费没有规定。这些都需要政府作出统一规划和明确答复,如果能处理好这个问题,肯定会对住房反向抵押贷款市场有很大的推动作用。正因为不确定,所以风险才不可估量。这期间还可能由于政府城市规划等原因导致土地使用权的收回,这也将引发法律政策问题。

五、小结

本章从个体、社会、市场、政府角度定性分析了影响供给方和需求方决定的主要因素。对住房反向抵押贷款的需求方(即老年人)来说,影响需求的正相关因素主要有:住房资产的增值、空巢失独情况、老年人消费需求增多、老年人对家庭养老的偏好;负相关因素主要有:老年人的遗赠愿望以及子女的反对、老年人自身寿命的不确定、信息不对称以及参与住房反向抵押贷款后会面临许多不确定性因素,比如分期付款的不确定性、来自贷款机构的不确定性、原有社会福利的不确定性。对供给方(即贷款机构)而言,影响供给的正相关因素主要有:房产的升值、二手房市场的发达以及投资优质资产的需求;负相关因素主要有:利率和房价的波动、长寿风险、逆向选择、前期费用风险以及贷款后的提前还款风险、资产配置风险和流动性风险。

第十一章　政府引导住房反向抵押贷款发展的政策建议

一、加强政府扶持力度

中国目前的反向抵押贷款实践，都局限在个别的商业或金融机构，政府的关心和参与甚少，在 2014 年保监会的意见中也未能明了政府的实际参与方式和程度。这将使该项目的公信力大幅度降低，市场和社会的预期看低。在住房反向抵押贷款发展的初期阶段，建议采取政府主导的发展模式，由政府完善相关制度，提供资金担保，并进行指导和监管；由政府指定的商业性金融机构进行具体的制度设计、销售和运营管理。

住房反向抵押贷款的一个很大特点就是设置"无追索权"条款，贷款机构可以为了防范风险向保险公司投保，与保险公司共担风险。但是，如果发生房价大幅度波动等不可控因素造成了大面积损失，保险基金也不足赔付的状况，政府介入并"兜底"是必要的。因此，可以借鉴美国经验，由政府设定一个标准，当贷款机构的亏损没有超过这个标准时，由保险公司进行赔付；如果贷款人的亏损超过政府设立的标准，则可以将该项债权移交给政府,由政府接管和处置。对于老年借款人,一旦贷款机构无力发放约定的贷款,则由政府向借款人支付相应的贷款额度。政府提供最后的保障,可以提高各方参与住房反向抵押贷款的积极性。

二、建立相应的配套机制规范市场

住房反向抵押贷款涉及银行、保险、房屋市场以及其他中介机构等参与者。因此,住房反向抵押贷款市场如要健康发展,必须有一套法律法规及程序来规范市场行为。在住房反向抵押推出初期,由政府授权有意向的金融机构从事该项业务,而且政府有必要对借贷双方给予担保、承担风险等,设立退出机制,整顿和规范市场并清理违法违规经营的机构。为促进住房反向抵押贷款业务的健康发展,应加大配套服务与综合治理的力度。比如健全社会征信制度,引入商业保险机构,强化矛盾化解等。

第三方的中介咨询机构对住房反向抵押贷款市场非常重要,目前社会上非常缺乏这类机构。应开展完善的监管机制,严格要求这些服务组织的市场准入制度,制定相应的法律法规,来规避这些不完善机构给开办住房反向抵押贷款所带来的风险。政府可以进行相关的论证,让有资质的第三方机构持证营业,促进住房反向抵押贷款事业的健康发展。

尽快明确对土地使用的 70 年大限作出明确答复和后续处理措施。只要能明确政策,金融机构自行就会根据这个政策制定相应的措施去解决。

三、做好宣传指引工作

政府应多推广宣传住房反向抵押贷款,建立咨询机构供居民参考,让其知道参与这种方式的好处,以及怎样选择产品,使居民对住房反向抵押贷款有一个循序渐进的接受过程。

同时,政府的宣传指引工作也要让老年人注意并明白:政府并不是希望所有的退休居民都能够参与住房反向抵押贷款。住房反向抵押贷款有一定的适用范围,并不是每个人都适合参加住房反向抵押贷款,并不是每个人都能通过住房反向抵押贷款提高自己的福利。政府推行住房反向抵押贷款只是现行社会保障体系的一个有益补充,给老年人多一种养老的选择,让有需要的老年人可以通过住房反向抵押贷款来改善自己的老年生活,政府并不是需要让每个老年人都参与进来。对那些自有住房价值很低或者没有住房的贫困老年人,政府还是应该通过贫困补助等方式来改善其生活。政府还应帮助老年人充分认识其参与住房反向抵押贷款面临的收益与成本,促使其正确选择参与住房反向抵押贷款的时机,从而使其资源配置能够最大限度地提高其福利。

四、加大税收优惠政策

开征物业税,即普通住宅所有者每年要向国家缴纳物业税,而使用住房反向抵押贷款的老年人则可以享受免交物业税的税收优惠,从而推动住房反向抵押贷款的发展。同时,对参与住房反向抵押贷款养老模式的金融机构实行税收优惠，比如，免除住房反向抵押贷款合同的计税贴花，降低金融机构在住房反向抵押贷款结束后进行二手房交易时的所得税和营业税的税率等。这些政策措施都将有利于调动商业银行和保险公司参与的积极性，从而保障市场供给。

第十二章　老年人参与住房反向抵押贷款的风险防范对策建议

一、进行正向和反向抵押贷款的风险对冲

正向和反向抵押贷款的风险对冲对未来银行开展住房反向抵押贷款有参考意义。因为利用住房进行抵押贷款时，还可以有正向及反向之选择，所以对于银行而言，其会获得逆向现金流。与此同时，考虑到利率市场波动之情形，则能够发现老年人还款与银行放款这两种行为并不相互独立，而是呈现出互补性的变化关系。具体来看，处于浮动利率情况时，如果市场利率增加，此时则说明银行能够获得更多还款，可是此时其也必须要考虑到房产价值减少从而导致借款人无钱还款这种可能性，并且准备金率升高会导致可用于贷款金额降低。对于借款方而言，由于银行此时依照利率变化之情况降低贷款额支付，此时就能够与回款额降低之风险发生对冲。

从上述分析中能够看到，这两类逆向业务相结合，将能够使得不确定风险有所减少。但是由于中国现在的金融分业经营，目前能够开展住房反向抵押贷款的保险公司不能做正向住房贷

款，因此，此方案对于未来银行加入住房反向抵押贷款有参考意义。当然，由于目前金融机构混业经营，全牌照已经成为趋势，保险公司可以通过通道，变相参与住房正向贷款的业务。

二、为贷款进行保险

除了金融机构自身注重风险防范以外，将住房反向抵押贷款的各类风险转移出自身，再转给其他保险公司、再保险公司等金融机构也是一种可行性较强的办法，从而大大降低贷款机构本身所承担之义务。具体方法有很多类型，比如贷款机构把所有同类贷款都归为一项内容来进行投保，当然其也能够为每笔贷款都单独进行保险。

除此之外，还能够进行住房反向抵押贷款综合保险，这种方式更加简便，即在此项业务开展之初，就向保险公司进行一大笔投保，并在今后不断地将剩余保金分批缴纳。

上述方式不仅能够降低贷款机构的风险，同时对于借款人而言亦有利无害。

还有一种方法是政府提供保险。国际经验已经充分证明了政府为住房反向抵押贷款提供保险的重要性。有政府保险时，所有的风险都由保险人承担，贷款人自己几乎不承担风险，借款人可获得的贷款价值比要高于无保险的情况，但随着借款人年龄的增加，两者之间的差距在逐步减少；而在无保险的情况下，贷款人所要承担的风险较大，因而在定价时也会相对保守；此外，借款人年龄越小，贷款人所面临的房价、利率波动及预期寿命等风险越大,可借出的款额也相对较低,这说明参与住房反向抵押贷款个体的年龄越小,政府保险为他带来的好处越大,可以促进更多的人考虑住房反向抵押贷款。

国外的研究和实践都表明,政府有能力通过保险来提高借款人所得金额。不过,随着借款人年龄的增加,贷款人所允许的风险报酬率值会随之有较快地增加,且对保费率变动的敏感性也逐渐增加。因此,随着贷款机构风险管控能力的增加,如果在办理住房反向抵押贷款时,借款人的年龄比较大,且贷款机构所要求的风险报酬率不是很高或保险费率较高时,也可考虑选择没有政府保险的住房反向抵押贷款项目。

三、均衡道德风险

就上文中强调的道德风险而言,倘若同时亦有另外一个普通寿险市场,则市场均衡会出现一些不寻常之变化。具体来看,很多人为了得到更大利益,往往在进行寿险投保时不断强调身体状况良好,甚至会采取一些掩饰来让保险公司相信自己。但是如果在申请住房反向抵押贷款时,很多老年人又会从另一方面来考虑,会表现得身体比实际情况更加糟糕,希望以此来获得更多收入。但实际上,开展寿险的保险公司与开展住房反向抵押贷款的保险公司有着相同的利益目标,此时为了避免被投保人所欺骗,两方可以建立信息共享制度,甚至在市场条件允许时,这两种业务可以进行合并。

政府要对住房反向抵押贷款中存在的巨大不确定性给予最

后的承保。具体的，政府可考虑设立类似于社保基金的专业机构，一方面为住房反向抵押贷款的借款人提供信誉担保，另一方面给贷款机构提供住房反向抵押贷款的保险。与此同时，应当逐步构建有效信息平台并且将监管情况及时公开，使得民众能够对具体情况有清楚了解。信息平台的信息发布不仅应包括各种与住房反向抵押贷款相关的经济数据和宏观政策，还应建立关于借款者的信息体系，包括借款人的年龄，工作单位，房屋的新旧程度、地段、买入价格以及个人的资信情况、个人财产等有效信息，降低事前信息的不对称。同时，对于事后信息的不对称，可以通过建立有效的动态监管系统来监督和规范借款人的行为，预防道德风险。

四、用赎回权减少遗赠因素的影响

在住房反向抵押贷款业务当中设置赎回权，可以给借款人一个选择机会，让其在贷款到期之前，从自身利益出发，再次考虑各方因素最终决定是否要偿还住房反向抵押贷款以结束贷款收回房屋的产权。赋予借款方这种权利，实际上给予了其更大自主权，同时也会让更多人发现住房反向抵押贷款的有利因素，从而扩大其市场。

期权有具体之分类。如果依据执行时间来考虑，则会有欧式及美式期权之分。前者必须要在到期日执行，但是后者能够选择在到期日或之前去执行。从这个角度来看，如果住房反向抵押贷款产品当中设置有赎回权这一项，则说明其属于欧式期权。在这一过程中,借款人之所以获得一定收益,是在于其向期权卖方支付了特定费用,期权费往往是无风险贷款利率基础上附加一定比例的利率。

就住房反向抵押贷款产品本身而言,是否具备赎回权将会对其特征产生影响。即使申请人之间的基本条件与支付方式都相同,但有赎回权的申请人和无赎回权的申请人能够从中得到的贷款比例及每年支付金额会有很大差别。主要原因在于借款人要在到期前有赎回房屋抵押的权利,此时对于贷款人而言势必要承受更大风险。所以如果选择有赎回权之产品,则相应贷款比例和每期可支付的贷款金额就会低一些,以补偿贷款人所面临的巨大风险。

五、住房反向抵押贷款资产证券化

资产证券化是指将原始权益人(融资人)持有的缺乏流动性但具有某种可预测现金收入属性的资产或资产组合为基础资产,并以基础资产产生的现金流为支持、发行可交易债券的一种融资方式(其核心是基础资产能在未来产生可预测的、稳定的现金流)。

资产证券化的方法可以使得住房反向抵押贷款的风险进行转移,风险可以被市场投资者定价。资产证券化要成立一个特殊项目载体(Special Purpose Vehicle,缩写 SPV),金融机构把住房反向抵押贷款的收益权全部转让给 SPV,实现资产的真实转移和风险的隔离。SPV 存在就可以通过证券化把住房反向抵押贷款的风险分散到资本市场。SPV 从贷款机构收取保费并发行债券。保费和卖债券所得投入到无风险的利率市场。这之后，SPV 的现金流入只有来自无风险利率市场的收益。现金流出是优先给零售商和债券投资者的息票。在期末，SPV 把所有资金还给投资者。SPV 的净现金流应该为零。

国外的资产证券化更为成熟，因此，利用资产证券化管理住房反向抵押贷款风险的办法更多。例如，国外的不少研究都建议把资产证券化作为住房反向抵押贷款管理长寿风险的可行方法，重点可以利用债券和互换对冲长寿风险。同时国外也开始研究住房反向抵押贷款证券化产品的投资者对产品的定价问题。例如皮戈特，2007(John Piggott，2007)认为，可以把保险者想要规避的长寿风险转嫁给资本市场，让风险更有效地转移分配给投资者。他们根据美国的实际情况计算，长寿债券的总保费非常小，只是总贷款额的 0.2%，就能有 38 年的保险期。第一种长寿债券模式，利率和房价上涨预期都假设为固定值。贷款机构可以较低的保费实现长期的保护。敏感性分析显示即使长寿生存率改进 50%，投资者的损失也少于预期总息票价值的 3.7%。因此，投资者损失巨大的可能性很小。第二种长寿债券结果类似。这种债券考虑了利率和房价变化的波动性。这样由于计入了额外的风险，保费比类型一高很多。但相比总贷款额，保费只额外占了 2.99%。即使寿命改善很多，投资者损失所有预期息票的可能性依然不大。

这些国外资产证券化的研究成果都可为中国未来探索住房反向抵押贷款资产证券化所借鉴。

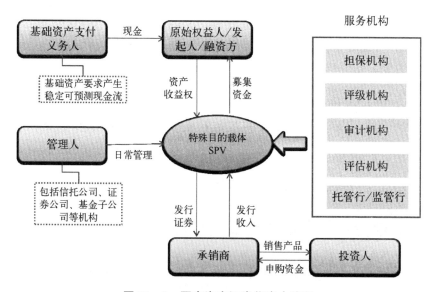

图 12 - 1　国内资产证券化资本流程

数据来源：wind

中国国内的资产证券化业务从 2014 年下半年开始出现了井喷。根据国内的实践,本书认为住房反向抵押贷款是一种很好的资产证券化的基础资产。

第一,住房反向抵押贷款的收益权正好是缺乏流动性但同时又具有某种可预测现金收入属性的资产或资产组合的一种理想的基础资产。同时,住房反向抵押贷款的收益权是可以真实出售的,未来的现金流又是可以根据贷款额来预测的。住房反向抵押贷款的收益权具有独立、真实、稳定的现金流量历史记录,这是国内金融机构开展资产证券化比较看重的准备标准。

第二,住房反向抵押贷款的收益权的原始权益人,即保险公司或者银行,一般都是主体评级非常高的机构,往往是 AA＋或者 AAA 评级的机构,而且一般都是国企或者央企。这样的客户是资产证券化理想的原始权益人,是资产证券化服务机构争抢的对象。

第三,住房反向抵押贷款的收益权往往符合大数据原则。即每个住房反向抵押贷款的收益权的资产包里有很多笔贷款,由于资产证券化是实施了现金流超额覆盖的政策,[①]即使个别贷款出现违约或损失,也不会影响整个资产包到期的兑付。

六、部分产权参加住房反向抵押贷款

产权所有人亦能够采取灵活方式,比如其能够把房屋净值转化为几个部分,一些资金按年收取,而剩下的则一次性支付。其好处显而易见,首先能够将这类风险大大降低,同时也保留了一笔固定资金以便应对可能出现的医疗需求,亦可作为遗产留给子女。

七、大病期权的方式对冲寿命不确定性风险

从发达国家的做法来看,很多保险公司考虑到老年人对寿命不确定性的顾虑,故创设出一种混合养老保险方式。如果老年人身体健康,则每年领取的资金是固定的,而倘若其身体情况

---

① 现金流超额覆盖,即现金流的归集现值金额大于发行的资产证券化的产品金额。举例说明,一个价值 10 亿元现金流的基础资产,打包成资产证券化产品,发行额度是 7 亿元,这 3 亿元的差价就是现金流超额覆盖。未来,若基础资产出现问题,未能回流 10 亿元,只回流了 8 亿元,但这 8 亿元偿付 7 亿元证券化产品投资者的本息,也绰绰有余。

恶化,此时保险公司则会每年多给予额外资金。实际上这种方式应当被住房反向抵押贷款所借鉴。因为,这样才能在满足老年人基本生活的同时也能够保障其长期医疗需求。这种方式在目前中国的养老大环境下显示出特殊重要的意义:由于医疗改革的持续推进以及医疗保险制度的覆盖程度有限,医疗费用已成为很多老年人难以承受的负担。利用部分房屋净值来填补医疗方面的支出,显然将会拥有极大的市场潜力。

后　记

本研究是在 2016 年 5 月完成的，本书保留了研究中的大部分内容，删去了原研究中定量分析的内容，增加专栏引用媒体报道等，并进行了必要的文字和技术处理。

本研究得到了清华大学、幸福人寿、国家行政学院等单位专家的大力支持和帮助。本书的出版，得到了中国出版集团东方出版中心领导和有关人员的热情指导和关心。

住房反向抵押养老保险这个政策在我国提出以来，直至今年，市场遇冷的现象始终没有扭转。本书对住房反向抵押养老保险市场遇冷原因进行了抽象和概括，在一定程度上解释了市场遇冷的本质原因，并提出了几条建议，希望能对提供"以房养老"产品的金融机构和政府决策部门有一些启发。

中国以房养老事业发展空间大，是一个能在一定程度上解决社会养老难题的行业。研究中我发现了很多令人激动的案例：比如住在北京西三环附近的一位老年人，每月收入只有三千多元，到了夏天因为舍不得买空调只能去附近银行营业网点避暑；参加住房反向抵押养老保险之后，他每月拿到了 18 000 多元的养老金,装上了空调,生活质量大为改善。同时,我最近在对提供住房反向抵押养老保险产品的金融机构调研中发现,金融机构在具体操办"以房养老"产品时遇到了很多问题,如现行法律法规配套难、业务办理中不动产登记和户籍管理制度政策不配合、政府部门间协调难、处置房屋难、处置房产带来的赋税重等,我将继续跟踪深入研究。本书的一些提法和思考可能还不够完善,欢迎各位读者批评指正。

水名岳

2017 年 12 月

图书在版编目(CIP)数据

以房养老：方案与对策/水名岳著. —上海：东
方出版中心,2018.4

ISBN 978 - 7 - 5473 - 1260 - 5

Ⅰ.①以…　Ⅱ.①水…　Ⅲ.①住宅－抵押－信贷管理
－研究－中国　Ⅳ.①F832.45

中国版本图书馆 CIP 数据核字(2018)第 055743 号

以房养老：方案与对策

出版发行：东方出版中心

地　　址：上海市仙霞路 345 号

电　　话：(021)62417400

邮政编码：200336

经　　销：全国新华书店

印　　刷：常熟市新骅印刷有限公司

开　　本：720×1000 毫米　1/16

字　　数：144 千字

印　　张：14.75

版　　次：2018 年 4 月第 1 版第 1 次印刷

ISBN 978 - 7 - 5473 - 1260 - 5

定　　价：49.00 元

东方出版中心邮购部　电话：(021)52069798